人民币历史一本通

郑楼英 著

浙江工商大学出版社
ZHEJIANG GONGSHANG UNIVERSITY PRESS

·杭州·

图书在版编目(CIP)数据

人民币历史一本通 / 郑楼英著 . — 杭州 ：浙江工商大学出版社 ，2019.6（2022.11 重印）
ISBN 978-7-5178-3269-0

Ⅰ ．①人… Ⅱ ．①郑… Ⅲ ．①人民币－货币史 Ⅳ .
① F822.9

中国版本图书馆 CIP 数据核字 (2019) 第 112411 号

人民币历史一本通
RENMINBI LISHI YI BEN TONG
郑楼英 著

责任编辑	徐 凌
责任校对	黄拉拉
封面设计	张 赟
责任印制	包建辉
出版发行	浙江工商大学出版社
	（杭州市教工路 198 号 邮政编码 310012）
	（E-mail：zjgsupress@163.com）
	（网址：http://www.zjgsupress.com）
	电话：0571-88904980，88831806（传真）
排 版	杭州彩地电脑图文有限公司
印 刷	浙江全能工艺美术印刷有限公司
开 本	710mm×1000mm 1/16
印 张	12.5
字 数	197 千
版 印 次	2019 年 6 月第 1 版 2022 年 11 月第 2 次印刷
书 号	ISBN 978-7-5178-3269-0
定 价	58.00 元

本著作是浙江省社会科学界联合会科普课题"人民币历史一本通（编号：13ND42）"的资助成果。

目 录
Contents

第一章　人民币历史概述………………………………………………… 1

第一节　人民币基本知识概述 ………………………………… 2

第二节　人民币的发行历史 …………………………………… 6

第三节　人民币防伪概念解读 ………………………………… 10

第四节　人民币收藏的处理与保存技巧 …………………… 16

第二章　第一套人民币解读………………………………………………20

第一节　第一套人民币概述 …………………………………………21

第二节　第一套人民币背后的故事 …………………………………27

第三节　第一套人民币特征及票样 1—10元 ………………………33

第四节　第一套人民币特征及票样 20—50元 ……………………43

第五节　第一套人民币特征及票样100—500元 …………………55

第五节　第一套人民币特征及票样1000—5000元 ………………75

第六节　第一套人民币特征及票样10000—50000元 ……………87

第三章　第二套人民币解读………………………………………………93

第一节　第二套人民币概述 …………………………………………94

第二节　第二套人民币背后的故事 ……………………………… 98

第三节　第二套人民币特征及票样——分 …………………… 102

第四节　第二套人民币特征及票样——角 …………………… 105

第五节　第二套人民币特征及票样——元 …………………… 108

第四章　第三套人民币解读 …………………………………… 115

第一节　第三套人民币概述 …………………………………… 116

第二节　第三套人民币背后的故事 …………………………… 121

第三节　第三套人民币特征及票样——角 …………………… 127

第四节　第三套人民币特征及票样——元 …………………… 132

第五章　第四套人民币解读 …………………………………… 137

第一节　第四套人民币概述 …………………………………… 138

第二节　第四套人民币背后的故事 …………………………… 143

第三节　第四套人民币特征及票样——角 …………………… 150

第四节　第四套人民币特征及票样——元 …………………… 153

第六章　第五套人民币解读 …………………………………… 160

第一节　第五套人民币概述 …………………………………… 161

第二节　第五套人民币背后的故事 …………………………… 165

第三节　第五套人民币特征及票样——元 …………………… 173

参考文献 ……………………………………………………… 193

第一章　人民币历史概述

〖导读〗

人民币是指中国人民银行成立后于1948年12月1日首次发行的货币，是中华人民共和国的法定货币。从第一套人民币（1948年发行）到第五套人民币（1999年发行），前后共发行了五套人民币，距今已有70多年的历史。目前，人民币已形成了纸币与金属币、普通纪念币与贵金属纪念币等多品种、多系列的货币体系。除1955年版第二套人民币1分、2分、5分三种硬币和1980年版第四套人民币1角、5角的纸币，1元、5角的硬币外，第一套至第四套人民币已经退出流通。目前流通的人民币是中国人民银行1999年及以后发行的第五套人民币。

第一节 人民币基本知识概述

《中华人民共和国中国人民银行法》（2004年2月1日起施行）第三章第十六条规定："中华人民共和国的法定货币是人民币。以人民币支付中华人民共和国境内的一切公共的和私人的债务，任何单位和个人不得拒收。"中国人民银行是中华人民共和国的中央银行，具有统一印制、发行人民币和管理人民币流通的职责。人民币的单位为元，人民币的辅币单位为角、分。1元等于10角，1角等于10分。以下为中国人民银行实景图（图1-1）。

图1-1 中国人民银行实景

一、人民币的职能

一般来说，货币具有价值尺度、流通手段、支付手段、贮藏手段和世界货币等职能。人民币没有规定法定含金量，它执行价值尺度、流通手段、支付手段等职能。

（1）**价值尺度**：人民币是中华人民共和国的法定货币，人们使用人民币购买商品、生产资料或生活资料，体现价值尺度职能。

（2）**流通手段**：人民币是我国强制流通的货币，并成为唯一的流通手段。

（3）**支付手段**：支付手段是指人民币用于清偿债务、支付赋税、租金、工资等职能。

二、人民币的书写方式

人民币的全称为"中华人民共和国货币"，人民币正式的货币代码（ISO4217）简称为CNY（China Yuan）。CNY是国际法定符号，是在国际贸易中表示人民币元的唯一规范符号。在我国企业内部，会计人员常常用

RMB¥（简写为"RMB"），在数字前一般加上"¥"这个代号表示人民币的金额。

三、人民币发行的历史背景

第一套人民币于1948年发行，其主要目的是统一战争时期各革命根据地的货币。当时，由于各地区贸易联系、物资交流日益发展，而货币币制不统一、货币的比价不固定，给贸易往来带来重大障碍，也给解放军机战斗中后勤补给等问题造成巨大困难。

1947年10月24日，中共中央批准了华北财经会议决议，将华北、西北和华东三大解放区之间的货币统一起来，冀南银行、晋察冀边区银行、北海银行和西北农民银行币按固定比价统一流通。

1948年12月1日，中国人民银行宣告成立，当日即由河北省平山县银行（今石家庄市中华北大街11号）发行了第一批人民币5元第一版、10元第三版和50元第一版，这标志着第一套人民币正式诞生了。

1949年初，中国人民银行总行迁至北京，各省、自治区、直辖市相继成立分行。1951年底，人民币成为我国唯一合法货币，在除中国台湾地区、西藏、中国港澳地区以外的全国范围内流通。

四、统一发行人民币的意义

统一发行人民币的意义重大，它清除了国民党政府时期发行的各种货币，结束了国民党统治下几十年通货膨胀和中国近百年外币、金银币在市场流通买卖的历史，也是为迎接全国解放采取的一项重大措施，促进了解放战争的全面胜利，在建国初期经济恢复时期发挥了重要作用。

第一套人民币的发行是党的一项重大英明决策，是有计划、有步骤地推进的：首先，解放战争期间，对人民币的要求是"一切为了战争的胜利，人民解放军将红旗插到哪里，人民币就发行到哪里"。然后，随着解放战争的胜利，人民币成功地清除了国民党政府发行的金圆券及其他各种货币，结束了国民党统治下几十年通货膨胀和中国近百年外币、金银币在市场流通买卖的历史。第三，在建国初期的国民经济恢复时期，针对"一穷二白"的现状，国家的稳定和经济建设

3

需要货币的支持，人民币对稳定经济具有重大意义，关系到中华人民共和国的存亡。因此，第一套人民币没有设准备金，没有和黄金白银挂钩，也没有和美元、英镑等货币挂钩，是一套独立自主性的货币体系。

五、人民币常用术语

（1）**冠字号**：是人民币纸币上的编码，分为"冠字"和"号码"两部分。其中，"冠字"是印在纸币上用来标记印刷批次的英文字母或罗马字符，一般由2个或3个组成，由印钞厂按一定规律编排和印刷。第一套、第二套和第三套人民币的冠字为2—3个罗马字符组成，俗称二罗马、三罗马冠字。第四套和第五套人民币的冠字为英文字母，两个字母或连在一起，或中间穿插数字。"号码"则是印在冠字后面的阿拉伯数字流水号，用来标明每张钞票在同冠字批次中的排列顺序。

（2）**版别**：人民币的制版年份，一般指人民币正面或背面上的年份。

（3）**面值**：指一张人民币上票面的价值。

（4）**品相**：指人民币纸币表面保有的完好程度。根据人民币纸币票面污染、坚挺、票角磨圆、折痕和断裂及缺损程度情况，借鉴国际上的划分标准，可将人民币纸币的品相划分为九等，具体如下。

①挺版：未流通，币面清洁坚挺。

②十品：未流通，但因为时间久远或保存不当，表面有极轻度的褪色，没有受过水渍而使表面失去光泽（包括有极轻度折痕）。

③九品：有较明显的折痕，票角有最轻度的磨圆，票面无污染，仍能保持原票的光泽。

④八品：多次触摸流通，有几条明显折痕，票面有少量污染和色斑，但仍坚挺不垂软，边缘无撕裂痕，票角有轻度磨圆。

⑤七品：多次触摸流通，票面已污染并垂软，边缘有小裂口，但未延伸到票面图案。

⑥六品：长期流通票角已磨圆，边缘裂口延伸到图案，但没有缺损；票面脏或褪色，但票面图案细节仍可辨认；币垂软，有中心孔。

⑦五品：严重磨损，票面脏，褪色，边缘撕裂并有缺损，票角磨圆，但

无大块缺损。

⑧四品：票面脏，褪色，图案模糊，有缺损或大片断裂。

⑨三品：纸币断裂，有大片缺损或空洞，票面模糊不清，一般无收藏价值。

六、人民币之最

（1）**面额最大的人民币**：1953年12月发行的50000元券两种。

（2）**面额最小的人民币**：1955年3月1日发行的1分券。

（3）**面额、版别最多的人民币**：1948年12月1日开始发行的第一套人民币，共12种面额，62种版别。

（4）**面额、版别最少的人民币**：1962年4月15日起陆续发行的第三套人民币，共7种面额，9种版别。

（5）**规格最大的人民币**：1957年12月1日发行的10元券（210 mm×85 mm）。

（6）**规格最小的人民币**：1953年3月1日发行的1分券（90 mm×42.5 mm）。

（7）**流通时间最短的人民币**：1948年12月1日开始发行的第一套人民币，于1955年5月10日停止流通。

（8）**流通时间最长的人民币**：1962年4月15日起陆续发行的第三套人民币，于1996年3月1日起银行只收不付。

（9）**最先印有少数民族文字的人民币**：1951年5月17日发行的5000元券，背面图景花符内有蒙文。

（10）**最先使用盲文的人民币**：1987年4月27日起陆续发行的第四套人民币。

第二节　人民币的发行历史

从1948年第一套人民币发行到现在使用的第五套人民币，我国人民币发行已历时70多年，人民币的发行是随着经济建设的发展及人民生活的需要而逐步完善的，现已形成了纸币与金属币、普通纪念币与贵金属纪念币等多品种、多系列的较为完善的货币体系。

一、第一套人民币

1948年12月1日，中国人民银行成立并发行第一套人民币，共12种面额，62种版别，其中1元券2种、5元券4种、10元券4种、20元券7种、50元券7种、100元券10种、200元券5种、500元券6种、1000元券6种、5000元券5种、10000元券4种、50000元券2种。

第一套人民币设计主景图案体现了经济建设和新社会的人们所经历的生活，包括农耕、纺织、交通、运输、工厂和矿山等图景，如1元券图景为"工人和农民"、10元券图景为"火车"、100元券图景为"工厂"等。70多年过去了，我们从第一套人民币上的各种画面，还能强烈地感受到建国初期那种欣欣向荣的新气象。

1955年4月1日，10000元面额和50000元面额的6种版别人民币退出流通，其他面额的人民币于1955年5月10日退出流通，流通年数为7年。

二、第二套人民币

1955年3月1日，中国人民银行发行第二套人民币，共有1分、2分、5分、1角、2角、5角、1元、2元、3元、5元、10元11种面额，其中1元券有2种，5元券有2种，1分、2分和5分券各有纸币、硬币2种，共16种版别。第二套人民币和第一套人民币的折合比率为1：10000。

第二套人民币主景图案集中体现了中国特色社会主义建设的风貌，表现了中国共产党革命的战斗历程和各族人民大团结的主题思想。在印制工艺上除了分币外，其他券别全部采用胶凹套印，以我国传统的手工雕刻方法制作，具有独特的民族风格，其优点是版纹深、墨层厚，有较好的反假防伪功能。由于大面额钞票对印刷技术要求很高，当时3元、5元、10元由苏联代印。

1964年5月15日，第二套人民币退出流通，流通年数为9年。

三、第三套人民币

1962年4月20日，中国人民银行发行第三套人民币，共有1角、2角、5角、1元、2元、5元、10元7种面额、13种版别，其中1角有4种版别（包括1种硬币），2角、5角、1元有纸币、硬币2种。1966年和1967年，我国又先后两次对1角纸币进行改版，主要是增加满版水印，调整背面颜色。

第三套人民币票面设计图案反映了当时中国国民经济以农业为基础、以工业为主导，农轻重并举的方针。在印制工艺上，第三套人民币继承和发扬了第二套人民币的技术传统与风格。制版过程中，精雕细刻，机器和传统的手工相结合，使图案、花纹线条精细；油墨配色合理，色彩新颖、明快；票面纸幅较小，图案美观大方。

2000年7月1日起，第三套人民币退出流通，流通年数为38年。

四、第四套人民币

1987年4月27日，中国人民银行发行第四套人民币，共有1角、2角、5角、1元、2元、5元、10元、50元、100元9种面额，其中1角、5角、1元有纸币、硬币2种。与第三套人民币相比，增加了50元、100元两种大面额人民币。1992年8月20日，又发行了改版后的1990年版50元、100元券，增加了安全线。

第四套人民币在设计思想、风格和印制工艺上都有一定的创新和突破。主景图案集中体现了在中国共产党领导下，全国各族人民意气风发、团结一致，建设中国特色社会主义的主题思想。在设计风格上，这套人民币保持和发扬了中华民族艺术传统特点，主币背面图景取材于中国名胜古迹、名山大川，背面纹饰全部采用富有中华民族特点的图案。在印制工艺上，主景全部采用了大幅人物头像水印，雕刻工艺复杂；钞票纸分别采用了满版水印和固定人像水印，它不仅表现出线条图景，而且表现出明暗层次，工艺技术很高，进一步提高了中国印钞工艺技术水平和钞票防伪能力。

1997年4月1日起，第四套人民币部分币种停止发行。2018年5月1日起，100元、50元、10元、5元、2元、1元、2角纸币和1角硬币停止流通，1角、5角纸币和5角、1元硬币继续流通。2019年4月30日，第四套人民币停止兑换。

五、第五套人民币

1999年10月1日，中国人民银行陆续发行第五套人民币，共有1角、5角、1元、5元、10元、20元、50元、100元8种面额，其中1角、5角、1元有纸币、硬币2种。第五套人民币根据市场流通需要，增加了20元面额，取消了2元面额。2005年8月31日，中国人民银行发行了2005年版第五套人民币5元、10元、20元、50元、100元纸币和1角硬币6种面额。2015年11月12日，再次发行了2015年版第五套人民币100元纸币。2019年4月29日，中国人民银行宣布于同年8月30日起发行2019年版第五套人民币50元、20元、10元、1元纸币和1元、5角、1角硬币。

第五套人民币继承了中国印制技术的传统经验，借鉴了国外钞票设计的先进技术，在防伪性能和适应货币处理现代化方面有了较大提升。各面额货币正面均采用毛泽东主席的头像，底衬采用了中国著名花卉图案，背面主景图案通过选用具有代表性的、有民族特色的图案，充分表现了中国悠久的历史和壮丽的山河，弘扬了中国伟大的民族文化。

1999年版与2005年版第五套人民币的主要相同之处是：纸币规格、主景图案、主色调、"中国人民银行"行名和汉语拼音行名、面额数字、花卉图案、国徽、盲文面额标记、民族文字等均与1999年版第五套人民币同面额纸币相同。不同之处包括四个方面：一是2005年版第五套人民币100元、50元、20元、10元、5元纸币正面主景图案右侧增加凹印手感线，背面主景图案下方为面额数字和汉语拼音"YUAN"，年号为"2005年"；二是2005年版第五套人民币100元、50元纸币正面左侧中间处、背面右侧中间处为胶印对印图案，左下角为光变油墨面额数字，其上方为双色异形横号码；三是2005年版第五套人民币100元、50元、20元纸币正面左下角增加白水印面额数字，20元纸币正面左下角和背面右下角增加胶印对印图案；四是第五套人民币1角硬币材质由铝合金改为不锈钢，色泽为钢白色，其正背面图案、规格、外形与现行流通的第五套人民币1角硬币相同，即正面为"中国人民银行""1角"和汉语拼音字母"YIJIAO"及年号，背面为兰花图案及中国人民银行的汉语拼音字母"ZHONGGUORENMINYINHANG"，直径为19毫米。

2015年版100元纸币的主要特点是：票面中部增加了光彩光变数字"100"，其下方团花中央花卉图案调整为紫色；取消左下角光变油墨面额数字，调整为胶印对印图案，其上方为双色横号码；正面主景图案右侧增加光变镂空开窗安全线和竖号码；右上角面额数字由横排改为竖排，并对数字样式进行了调整。另外，票面年号改为"2015年"；取消了右侧全息磁性开窗安全线和右下角防复印图案；调整了面额数字样式、票面局部装饰图案色彩和胶印对印图案及其位置。

2019年版纸币的主要特点是：2019年版第五套人民币50元、20元、10元、1元纸币与2015年版第五套人民币100元纸币的防伪技术及其布局形成系列化。在现行第五套人民币纸币（2005年版50元、20元、10元纸币，1999年版1元纸币）的防伪技术基础上，50元、20元、10元纸币增加光彩光变面额数字、光变镂空开窗安全线、磁性全埋安全线、竖号码等防伪特征，取消全息磁性开窗安全线和凹印手感线，50元纸币取消光变油墨面额数字，1元纸币增加磁性全埋安全线和白水印。总体看，应用的防伪技术更加先进，布局更加合理，整体防伪能力有明显提升。

第三节　人民币防伪概念解读

1.什么是钞底?

没有加盖印章的钞票称为钞底。古代钞票与现在的纸币有一个很大的区别,就是钞票正式发行时要加盖官方印章后才表示具有效力。钞底没有效力,不能正常流通。

2.什么是防伪?

防伪是在钞票的设计制作上运用防伪技术,有针对性地设置一些抗复制、仿造的理化手段,增加仿造的难度,加大仿造的成本,以此抵制和减少假币犯罪的产生。

3.什么叫密押?

密押是发行机构在纸币票面上做的一种特殊记号,具有一定的防伪作用。

4.什么是水印?

水印是在生产过程中通过改变纸浆纤维密度的方法而制成的,它是在造纸过程中制作定型的,而不是纸张成形后压印上去或印在钞票表面的,因此,水印图案有较强的立体感、层次感和真实感。钞纸水印按其在票面位置分布可分为固定水印和满版水印;按其透光性可分为多层次水印和白水印。水印图案可以是人物、动物、建筑、风景、花草及数字、字母等,在货币防伪方面发挥了独特的作用。世界各国的钞票几乎都采用了这种技术。

5.什么是凹版印刷?

凹版印刷所使用的钞版图案呈凹槽形状,非图案的部分是光滑平整的版面,印刷时首先将油墨涂布于整个版面,然后将表面的油墨擦拭干净,只留存版纹凹处的油墨,经压印辊筒给予一定的压力,把凹槽里的油墨转移到纸上形成图纹。我们称这种图纹部分凹陷的印版为"凹版",用凹版印制各种图文的方法叫凹版印刷。

6.什么是暗记？

钞票暗记是指在钞票的制版过程中，有目的地设置一些微小的符号和文字，隐藏在票面的不同位置，与整个票面的图文有机融合，在不破坏票面整体布局的情况下达到很好的防伪效果。

7.什么是钢板雕刻变点花纹？

钞票的凹印图文是通过点和线表现出来的，点线组合是一种较为常见的雕刻凹印方式，而点的单独使用在20世纪50年代的纸币中较为少见。

在制版过程中，雕刻者将不同形状的点进行特殊排列组合，应用在较大面积的图案中。由于这些点的形状各异，又经过不同的排列组合，因此称其为变点花纹。变点花纹微小、精细，可以起到很好的防伪作用。第二套人民币中的部分面额，如1956年版1元、2元、3元、5元及10元纸币中就应用了变点花纹。

8.什么是钢版雕刻暗花？

这项技术是在钢版版面雕刻底纹，再根据图案纹样的深浅使用特殊工艺进行深浅蚀刻，使均匀的底纹上浮现出深浅不同的线纹，从而在视觉上形成一种新型的花纹。

9.什么是黑白交错暗花？

这项技术采用机器雕刻与手工腐蚀方法，在同一个底纹上将深色底纹、浅色花形图案逐渐变为浅色底纹、深色花形图案，深浅变化过渡自然，具有绸缎闪光的效果。这一防伪技术制作难度大，防伪性能很强。在第二套人民币1956年版5元纸币的正面下花边中间首次使用。

10.什么是胶印多色接线印刷？

胶印多色接线印刷是指使用特殊的工艺，一根线条可以分段出现两种或两种以上的颜色，不同颜色对接整齐，从而组成一条连贯完成的多色线条。第三套人民币5角、1元、2元、5元和10元纸币正面团花的部位，在一根线条上印出多种颜色，色彩复杂，层次丰富，套接准确，既美观大方，又具有很强的防伪性。

11.什么是安全线？

安全线就是在抄纸的过程中采用特殊技术在纸张中嵌入的一条比较薄

的金属线或塑料线。近年来，许多国家还在安全线上加进了许多防伪技术，如在安全线上印上缩微文字，在安全线上加上磁性、全息、变光、移动影像（Motion）等。安全线是一种普遍运用的防伪技术。

12.什么是荧光？

"荧光"又称"萤光"，是指一种光致发光的冷发光现象。当某种常温物质经某种波长的入射光（通常是紫外线或X射线）照射，吸收光能后进入激发态，并且立即退激发并发出比入射光的波长长的出射光（通常波长在可见光波段）；很多荧光物质一旦停止入射光，发光现象也随之消失。具有这种性质的出射光就被称为荧光。另外有一些物质在入射光撤去后仍能较长时间发光，这种现象称为余辉。

13.什么是荧光油墨？

荧光防伪油墨是在紫外光（200 nm—400 nm）下能发出可见光（波长400 nm—800 nm）的特种油墨。其防伪原理是在油墨中加入紫外线激发的可见荧光化合物，在特定波长的紫外线的照射下，发出红、黄、绿、蓝色的可见光。它分为有色荧光油墨和无色荧光油墨两种。有色荧光油墨一般应用在钞票某个固定位置或某种花纹图案上，用这种油墨印刷的图案在普通光线下看是一种颜色，但在紫外线照射下会看到它发出明亮的荧光，甚至呈现出另一种颜色。无色荧光油墨印刷的图案在普通光线下是看不见的，而在紫外线下可看见发出明亮的荧光。如第五版人民币各面额纸币上均使用了这种油墨。

14.什么是磁性油墨？

磁性油墨的防伪原理是采用有磁性的物质作为油墨的色料，应用磁检测仪器可以检测磁信号。最初，磁性油墨的应用并非为了防伪，而是用于银行对票据的自动处理和邮政对邮件的自动分拣。

15.什么是光变油墨？

光变油墨采用了一种特殊的光可变材料，印成图案后，随着观察角度的不同，图案的颜色会出现变化，由一种颜色变为另一种颜色。如第五版人民币100元、50元纸币正面右下角的面额数字即是采用光变油墨印刷的。

16.什么是防复印油墨？

用彩色复印机仿制钞票时，这种油墨印刷的图画会发生色彩改变，致使复印出来的色彩与原来票面上的色彩彻底不一样。如日元上就运用了这种油墨。

17.什么是红外光油墨？

红外光油墨是指印刷图画在一般光下能看出有色彩，但用红外光仪器调查时则无色彩。

18.什么是珠光油墨？

珠光油墨是指印刷图画随调查视点的不一样会呈现亮堂的多种金属光泽或彩虹色。欧元和日元采用了该项技术。

19.什么是对印技术？

对印技术是指钞券在印制过程中，正、背面同一部位分别印有花纹或图案，迎光透视可发现两面花纹或图案完全重合或互补，它是通过胶印一次印刷完成的，具有较强的防伪功能。

20.什么是无色荧光纤维？

无色荧光纤维防伪特征是在票面正反面均满版随机分布了弯曲、细小的纤维丝，在正常光线下观察票面时是看不到这些纤维的，而当使用紫外线照射票面时，就可以看到这些纤维，它们在紫外线下呈现出明亮的黄色或蓝色等荧光。

21.什么是彩色纤维？

彩色纤维是预先将一些特殊纤维染上红色、蓝色或其他颜色，在造纸过程中将这些纤维按一定比例加到纸张中，有的是均匀地加在纸张中，有的则加在纸张固定的位置。

22.什么是隐形面额数字？

隐形面额数字是用横线竖线交叉和点线结合构成的花纹使一个完整的图案中隐藏着特定的图文或数字。按照一定的角度观察，就能看到隐蔽的图文或数字。

23.什么是手工雕刻凹版？

手工雕刻凹版通过钞票雕刻师手工雕刻方式制版而成。由于每个雕刻师均有自己的刀法、风格，其雕刻线条的深浅、弧度、角度别人很难模仿，具有极强的防伪性。

24.什么是一线防伪（公众防伪）特征？

一线防伪特征是指在不借助任何工具的情况下，利用感觉器官，通过眼看、手摸等方法来识别的防伪特征，根据人民币防伪技术管理的需要，这些特征要向全社会公布，公开对公众进行宣传培训，所以也称公众防伪特征。

25.什么是二线防伪（专业防伪）特征？

二线防伪特征是指借助直尺、放大镜、紫光灯、磁头或点（验）钞机等一些简单工具、仪器，通过测量长度、放大观察、检测磁性、荧光等方法来识别的防伪特征。这些特征主要由银行系统从事现金收付岗位人员掌握，所以也称专业防伪特征。

26.什么是三线防伪（专家防伪）特征？

三线防伪特征是指通过专门设备，检测钞票纸张、油墨、印刷技术的成分、配方、构成等要素进行识别的防伪特征，是识别真假货币的终极手段。这些特征由管理人民币生产和发行的最高机构的专家掌握，所以也称专家防伪特征。

27.什么是多边形币？

传统的机制币形制主要为圆形，大多数金属硬币的边都有连续丝齿，少数为平边无丝齿。后来人们为了丰富金属硬币的形制，同时也为了提高硬币的制造难度，增加硬币的防伪技术含量，研制开发出了非圆形的硬币，从三边形到十几边形都有，而应用于流通硬币的形制只有七边形、十边形等，如英国的20便士硬币、塞浦路斯的50分币就是七边形；而伊拉克的1第纳尔币、菲律宾的2比索为十边形。

28.什么是异形币？

用于流通的异形币，主要边部形状为波浪形（亦称梅花形）。其他用于制造金、银、铜纪念币（章）的异形币有三边形、长方形、环形、扇形、椭圆形、盆形及镶拼式等。

29.什么是间断丝齿？

间断丝齿是指金属硬币的边部在一定等分角度上出现一组丝齿，并由平边加以间隔。

30.什么是硬币边部滚字？

顾名思义，边部滚字就是在金属硬币边部的圆柱体立面铸造各种文字和图纹，这种文字和图纹（亦称边铭和边饰）可以是阳文（凸出的），也可以是阴文（凹进的）。

31.什么是连续斜丝齿？

通常金属硬币边缘的连续丝齿均是与硬币轴径相互垂直的，而连续斜丝齿却与硬币的轴径有一个交错角度。

32.什么是局部镶嵌技术？

硬币的局部镶嵌技术主要应用在金银纪念币（章）的制作中。根据钱币的设计需要，在银质纪念币上的某一部位镶嵌部分金箔，以提高纪念币（章）的品位，给人以全新的视觉感受。

33.什么是隐形雕刻技术？

缩微隐形雕刻，就是运用计算机编程将两个不同的图案处理后，在同一位置进行多个侧面的雕刻，通过变换观察角度，从某一个角度能看到A图案，而换一个角度可以看到B图案，可以使同一凸纹图案产生两种不同图像的视觉效果。隐形雕刻技术具有一定的加工难度，并且需要具备较精密的加工设备，运用在制造金属硬币上可以提高其防伪水平。

34.什么是微粒细点技术？

缩微的微粒细点就是在很小的范围内，利用精细的造币工艺技术镌刻上许多很细小的浮雕微粒，伪造者很难通过一般技术仿制。

35.什么是变造货币？其主要形式有哪些？

变造货币是指在真币的基础上，利用挖补、揭层、涂改、拼凑、移位、重印等多种方法制作，使其改变形态的假币。变造币主要有剪贴变造币和揭页变造币两种。

36.什么是伪造货币？其主要形式有哪些？

伪造该货币是指仿照真币的图案、形状、色彩等，采用各种手段制作的假币。伪造的货币主要有机制假币、拓印假币、彩色复印假币、手工描绘或手工刻板印制的假币、照相假币和铸造假币。

第四节　人民币收藏的处理与保存技巧

在人民币收藏越来越普遍的今天，一个重要的问题是如何如何珍藏和护理。如何保护自己所收藏的纸币，并保持纸币品相的完好程度，是大多数收藏爱好者迫切需要学习的知识。

一、人民币收藏必须要知道的术语

（1）**原捆**：指原包装，包装皮破裂不大，无法将纸币拿出来。

（2）**整捆**：指保证千连，而且刀签未断裂，并用塑料袋重新包装了一遍，称为整捆，又称后封千连。

（3）**原箱**：指铅封未开。

（4）**整箱**：指原箱地把铅封打开了，但未动里边的东西。

（5）**连号**：指号码相连的若干纸币。

（6）**跳号**：指在号码相连的若干纸币中有1张或几张号码缺少未能连贯的纸币。

（7）**1刀**：100张连号纸币。

（8）**1捆**：1000张连号纸币。

（9）**1条**：5000张连号纸币。

（10）**1包**：10000张连号纸币（只限1分、2分、5分和1角、2角、5角的老包装）。

（11）**1箱**：1元的40000张连号纸币，1角、2角、5角的50000张连号纸币，5元、10元的25000张连号纸币，或者50元、100元的20000张连号纸币。

（12）**1麻袋**：为10包分币。

二、放入收藏册之前的处理技巧

（1）对于未流通过的全品相纸币，可以直接放进集钞本。对一些中高档品还应用塑料袋包装，以免用手触摸时沾上汗水油污，必要时甚至可以采取塑料真空封装，以隔绝空气。

（2）对于已经弄脏了的纸币，则要通过浸泡、吸水、干燥等清洁工序对其进行修复。浸泡时间由纸币的好坏决定，切记一点，任何清洁剂都不允许加入水中，否则会使纸币褪色或变色，那样后果就不堪设想了。用清水浸泡后，要随时更换已经变黄了的水，然后将能吸水的纸张垫在清洗过的纸币下面，均匀轻压，使吸水纸吸去附着的多余水分，之后让它自然晾干，切不可用熨斗或其他加热机加热干燥。需要特别说明的是，对于用旧式老棉纸印制的纸币，不能进行水浸，以防止化开、破损，只能用沾湿的棉花弄湿纸币的四边和角，把卷曲部分展平清洁。

（3）对于透明胶带粘贴过的纸币，粘贴纸币的透明胶带在经过较长时间后，变黄、硬化且有所卷曲，所以有必要对其进行处理，将其揭下来。此时最好的处理方法是用建筑行业调油漆用的稀释剂把胶带弄温，用钳子慢慢将胶带撕下，而对于纸币上残留的胶，可用稀释剂轻轻擦拭去除。

（4）对于已破损或断开的纸币，则可用相同颜色的旧棉纸修补破损部分和断开处。对于一些有缺损的纸币，应选找有类似花纹、颜色相同的老纸币，在正面加以贴补；对于高档纸币，建议最好请专门从事纸币修补行业的技师对其进行加工修补。

三、放入收藏册之后的处理技巧

1.防霉变

防止霉变的关键在于防潮（这在南方地区和沿海地区尤为重要），而防潮的关键是纸币存放处的温度与湿度要适宜。一般来说，纸币存放的最佳室内温度是18℃—20℃，最佳湿度是50%—60%。因此，在清理纸币时，尽量不要在高温或潮湿的环境中进行。在夏季阴雨季节，最好每隔一段时间，将纸币册呈扇形竖置桌上，用吹风机吹上一会儿，以便除湿防霉。一般来说，旧纸币比新纸币更易发霉，一旦发霉，可用质地柔软的纸或布轻轻擦拭，对霉变严重的纸币可将其浸泡在鲜牛奶中，加少量的盐，一小时后捞出，用清水漂洗，再用吸水纸吸干，在略潮湿时将纸币放平夹在空白本子中，压上重物使之自然阴干。

2.防折污

对于全新纸币，在存放或欣赏时，最好使用镊子，不要直接用手摸、捻、拿，因为手上有油汗，容易污染票面。纸币最好装在特制的透明薄膜袋内后，再装入集币册中。

对于有轻度软折的纸币，可将其平整地放在书中，压上重物，几天后就会平整。对有明显硬折的纸币，其票面一般较脏，可将其放入水中泡10—20分钟，然后取出放于两张吸水纸间用玻璃压紧，干后皱迹即除。用薄棉质纸印的纸币，忌用水洗，以免损伤票面，使其模糊不清。

对于不平整的纸币，忌用电熨斗烫平，以免损伤纸币。有的收藏者用高锰酸钾稀释液清洗有折污的纸币，这样处理能使纸币变得干净，但过一段时间后，纸币就会褪色、变色。还有收藏者用透明胶带粘在折裂的纸币背面，时间长了以后，透明胶带会变黄、发硬，也会损坏票面。

纸币会因各种原因而出现脏污，遇到这种情况，应根据脏污性质的不同采取不同的方法处理。当纸币上染有红墨水时，可将纸币放入溶有少许酒精的大米饭汤里浸泡10分钟，污痕即除；当纸币上染有蓝墨水时，可将小苏打和漂白粉等量溶入水中，把纸币放入，墨迹即除；当纸币上染有黑墨水时，将纸币放入溶有精盐的温水中浸泡约15分钟，若墨迹难除，可在精盐水中加少许牛奶，并加热到30℃—40℃，墨迹便可全除；当纸币染有指纹或其他灰土污垢时，可用脱脂棉球蘸取少许肥皂水轻擦污垢处，边擦边变换棉球方向，直至污垢全除；当纸币上有印油等油渍时，用棉花蘸少许汽油或酒精不断地变换方向轻轻擦洗，洗净后放在吸水纸上吸干即可；当纸币上有蜡迹或动植物油渍时，可把纸币放在两张吸水纸间，用电熨斗在上面熨一下，污迹可除。

3.防虫蛀

避免虫蛀的关键是保持纸币的干燥与通风。对于长期保存的纸币应定期翻阅，既可起到通风作用，又能检查纸币是否出现破损。对于被虫蛀的纸币要及时进行处理，同时也要注意防止鼠咬，尤其是鼠害严重的地区，更应当注意。纸币不要与报刊、书籍等制品一起保存，或与棉布制品放在一起，一是预防火灾，二是防止虫蛀鼠咬。

4.防褪色

防止纸币褪色的关键是避免纸币在阳光下暴晒。纸币在经过较长时期的保存以后，就会有不同程度的褪色，这与纸张和油墨的质量有直接关系。纸币忌用碱性、酸性液体清洗，否则会导致褪色，纸币一旦褪色，通常无法弥补。

5.防火灾

一般来讲纸币保存要远离火源、电源，也不要和易燃易爆物品放在一起，这样既便发生火灾，也有相对充裕的时间抢救，最好保存在保险柜中。

第二章　第一套人民币解读

〖 第一套人民币导读 〗

1948年12月1日，中国人民银行成立并发行第一套人民币（图2-1），共12种面额，62种版别，第一套人民币设计主景图案体现经济建设和新社会的人们所经历的生活，如农耕、纺织、交通、运输、工厂和矿山等图景。

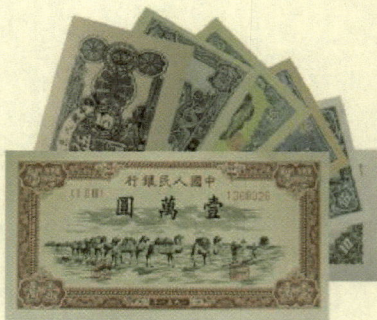

图2-1　第一套人民币

1955年4月1日，10000元面额和50000元面额的6种版别人民币退出流通，其他面额的人民币于1955年5月10日退出流通。第一套人民币流通年数为7年。

中国人民银行成立及第一套人民币发行，在我国金融史、货币史上具有划时代的意义。它标志着原本极端混乱的货币制度的灭亡和中华人民共和国全国统一的、独立自主的、基本稳定的社会主义货币制度的建立，促进了人民解放战争的全面胜利，在建国初期经济恢复时期发挥了重要作用。

20

第一节　第一套人民币概述

一、第一套人民币的发行历史背景

发行第一套人民币的目的是统一战争时期各革命根据地货币。革命根据地货币是在战争时期各革命根据地被敌人分割封锁的情况下产生的，统一货币经历了一个曲折的过程。

抗日战争胜利后，各解放区人民政府就展开了统一本解放区货币的工作。华中解放区发行了统一的华中币，回收原来新四军开辟各抗日根据地时发行的多种地方货币，其他解放区也采取了类似的措施统一货币。但是，在各解放区统一货币工作尚未完成时，国民党发动的全面内战开始了，解放区许多地方被国民党军队占领，各解放区统一货币工作不得不暂时停止。

1947年夏季，中国人民解放军在地方部队和人民群众的配合下，取得了解放战争的重大胜利。各地区贸易联系、物资交流日益发展，而货币币制不统一、货币的比价不固定成了贸易往来的重大障碍，也给解放军机战斗中的后勤补给造成巨大困难。

1947年10月24日，中共中央批准了华北财经会议决议，华北、西北和华东三大解放区之间首先开始了货币统一工作，冀南银行、晋察冀边区银行、北海银行和西北农民银行币按固定比价统一流通。1948年12月1日，中国人民银行宣告成立，当日即由河北省平山县银行发行第一批人民币5元第一版、10元第三版和50元第一版，标志着第一套人民币正式诞生。1949年初，中国人民银行总行迁至北京，各省、自治区、直辖市相继成立分行。1951年底，人民币成为中国唯一合法货币，在除中国台湾地区、西藏、中国港澳地区以外的全国范围内流通。

二、第一套人民币的特点

（1）**体现"人民"特征**。第一套人民币是在中国共产党的领导下，中国人民解放战争胜利进军的形势下，由人民政府所属国家银行印制发行的唯一的法定货币。"人民"两字说明了人民币的性质，它不是某个官僚资本家的或某个财政金融寡头的，而是全国性的、全国人民的。

（2）**具有战时货币的特征**。第一套人民币既是战时货币，又是中华人民共和国成立初期经济恢复时期的货币。它首先服务于中国人民解放战争，"一切为了战争的胜利"，解放军打到哪里，人民币就跟进到哪里。人民币的发行保证了解放战争胜利进军的需要，促进了经济的恢复与发展，最终成为中华人民共和国的法定货币，结束了国民党统治下几十年的币制混乱历史。

（3）**设计思路体现"自力更生""艰苦奋斗"的思想**。第一套人民币的图样以解放区的农业、工业、商业、贸易、交通、运输等各方面的典型实例为题材。票版的设计制作主要由解放区的印钞厂承担，奠定了我国人民币印制事业的基础。由于原材料供应状况不同，纸张、油墨就地取材，造成钞券质量参差不齐。另外，第一套人民币也没有水印，防伪效果较差。

（4）**第一套人民币面额与版别最多，共12种面额，62种版别**。具体为：1元券2种，5元券4种，10元券4种，20元券7种，50元券7种，100元券10种，200元券5种，500元券6种，1000元券6种，5000元券5种，10000元券4种、50000元券2种。

三、第一套人民币中的特殊版别

（1）1000元券第一版（双马耕地）：第一套人民币中唯一的狭长币，其规格为150 mm×62 mm。这版1000元券票幅比例是2∶0.8。除1000元狭长版外（图2-2、图2-3），第一套人民币其他币别票幅规格长宽比例为2∶1左右。

图2-2　第一套人民币1000元双马耕地七位号纸币正面

图2-3　第一套人民币1000元双马耕地七位号纸币背面

（2）5元第三版（水牛）：现有五套人民币中，唯一印有"光华印刷厂印制"手写体字样的币种。

5元水牛纸币的设计别出心裁（图2-4、图2-5），正面以拱形书写了行名，并同时将三幅图案放到票面上，下方则印有"光华印刷厂印制"字样，是我国人民币中唯一的一张印有这个手写体字的钱币。同时，由于5元水牛纸币也是我国第一套人民币中纸张质量较差的一张，不易保存，全新品相存世量非常少，因此，它成为第一套人民币"十二珍品"之一。2010年12月19日，上海泓盛拍卖有限公司举行2010秋季拍卖会——中国纸币"美国Jason 英国Austin"专场，5元水牛纸币拍卖价达23000元。

图2-4　第一套人民币5元水牛正面

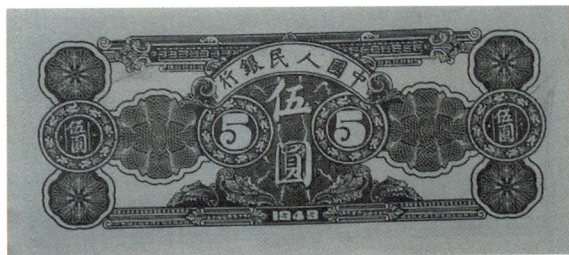

图2-5　第一套人民币5元水牛背面

（3）500元第六版（瞻德城）、1000元第六版（牧马）、5000元第四版（牧羊）和10000元第一版（骆驼）：这四版人民币的背面印有维文"中国人民银行"字样。以下是印有维文的500元第六版（瞻德城）正、背面票样（图2-6、图2-7）。

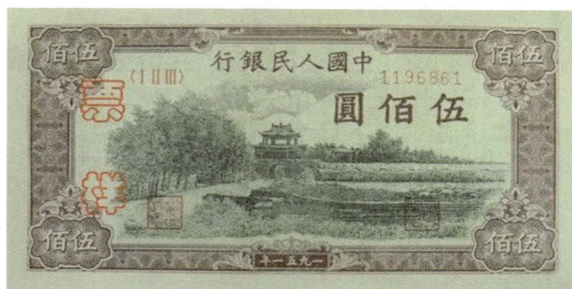

图2-6　第一套人民币500元瞻德城正面

图2-7　第一套人民币500元瞻德城背面

（4）5000元第三版（骆驼）和10000元（牧马）：人民币的背面印有蒙文"中国人民银行"字样。以下为印有蒙文的10000元（牧马）正、背面票样（图2-8、图2-9）。

图2-8　第一套人民币10000元牧马正面

图2-9　第一套人民币10000元牧马背面

四、第一套人民币的设计特征

人民币各版别的纸张和颜色确定与印制都要经中国人民银行总行批准。在设计上，第一套人民币统一了版式，扫除了原有其他货币的半殖民地色彩，在票面上取消了英文，不再采用行长的签字，而采用印章形式。正面所印的年号用"中华民国三十七年"，背面使用公元纪年"1948"。图案反映了经济建设和新社会的人们所经历的生活，如农耕、纺织、交通、运输、工厂和矿山等图景。

五、第一套人民币出现过的几种不同称谓

（1）中国人民银行钞票。最早见于1948年11月25日《华北银行总行关于发行中国人民银行钞票的指示》。

（2）新币。最早见于1948年12月1日华北人民政府发布的《金字第4号公告》，为区别解放区钞票，称解放区钞票为"旧币"，称中国人民银行的货币为"新币"。

（3）中国人民银行券。最早见于1949年1月31日《人民日报》发表的《中国人民银行有关新币发行各种问题的答复一文》。

（4）人民券。最早见于1949年1月31日《人民日报》发表的《中国人民银行有关新币发行各种问题的答复一文》，把中国人民银行券简称为"人民

券"。

（5）人民币。最早见于1949年6月14日上海市直接税总，直税字第一号《上海市印花税稽行办法》。

（6）第一套人民币。1950年8月，为设计新的人民币（指第二套人民币），中国人民银行设计方案和组建人员称前一套人民币为第一套人民币。

第二节　第一套人民币背后的故事

故事一：第一套人民币票面上为什么没有毛泽东的头像？

张忠是北京印钞厂的老人，曾参与第一套人民币的印制工作。他回忆说："这是一项全新的工作，我们终于可以拥有自己的货币了，从而摆脱了中国半殖民地半封建的历史，钱币直接把这样的历史变化反映了出来（图2-10）。"

张忠讲了第一套人民币的来由和许多鲜为人知的故事。1945年抗战胜利后，为了和平，毛主席去了重庆，与国民政府达成了停战协定。但1946年，蒋介石撕毁协议，发动了内战。当时国民党要占领解放区的各大城市，形势严峻，经过解放区军民的顽强斗争，打退了敌人的进攻，并在1947年发起了大反攻。

图2-10　人民银行最早的印钞机

大反攻形势发展很快，原分散的各解放区迅速连成一片。解放区与解放区之间需要流通货币，交流经济，而此时各解放区币值不统一，货币流通不畅成了一大难题。为此，党中央任命董必武同志做华北财经办事处的主任，负责解决这个问题。董必武同志的思路是：先把晋察冀解放区内部的货币统一起来，再以其为基础将其他各解放区的货币统一起来，并力争在货币统一前把银行统一起来。经党中央批准，1948年12月1日，在河北省石家庄市，在华北银行的基础上成立了中国人民银行。同日，已任华北人民政府主席的董必武同志签署华北人民政府"金字第四号"布告，发行统一的人民币，并用柳体字题写了票面上的"中国人民银行"六个字。当时人民币的名称也是经反复协商确定的，因为它是人民的货币，是为人民服务的，由此得名。这也是中国货币历史上的一个重要转折点。另外，中央要求第一批人民币发行50个亿，因为中华人民共和国的成立需要货币的有力支持。

张忠还记得第一套人民币设计送审的一件小事。最初设计中，票面上有毛泽东头像，送审时，毛泽东说："人民币是属于国家的，是政府发行的，我现在是党的主席，不是政府的主席，怎么能把我的头像印上呢？"董必武作为重要领导，看问题高屋建瓴，他考虑再三之后，提出我们所做的一切都是为了人民能够当家做主，那么票面设计不如就体现人民这两个字，就反映解放区人民的生产和建设吧。这个提议很快得到了中央的认可，第一套统一货币的设计风格也就这样确定了下来。

故事二：人民币上的"中国人民银行"这几个字是谁题写的？

第一套人民币上的"中国人民银行"六个字是由当时主持中央财政经济工作的董必武题写的。他以楷书题写的"中国人民银行"六个字刚健俊洁、笔势精悍、骨力遒劲、结构严谨，深受书法界好评。

第二套及以后的各套人民币上的"中国人民银行"六个字是由当时在中国人民银行工作的马文蔚所写，字体用魏碑，"张黑女"碑体，后成为中国人民银行行名的通用标准字体。

1980年4月1日中国人民银行发行的外汇兑换券上的"中国银行"出自郭沫若的手笔，"中国银行"四个字极富变化，粗笔不臃肿，坚实如柱，细笔不柔弱，瘦劲神通，字字精到，看上去大气磅礴，有力重千钧之势。

故事三：你知道第一张人民币的故事吗？

1948年12月1日，中共领导的华北人民政府就发布了《金字第4号布告》，将华北银行、北海银行和西北农业银行合并为"中国人民银行"，以原华北银行为总行。中国人民银行成立的当天，发行了第一批人民币。当河北省平山县银行的同志前来领取第一批人民币票款时，发行科科长石雷将编号为ⅠⅡⅢ—00000001、面额为50元的中国第一张人民币用冀南银行纸币按比价兑换下来，留作纪念。这样，中国人民银行发行的第一批人民币就成为中国最早的人民币。

石雷，河北省定州市人，生于1923年10月，于1938年秋参加革命，同年加入中国共产党。起先，石雷在晋察冀边区银行任职。1947年10月，调任中央工委华北财办的中国人民银行筹备处。1948年12月1日中国人民银行成立时，石雷任发行科科长。之后，石雷又任信贷处处长、货币流通处处长及计划司副司长等职。离休后，他从事著书、编书、讲学和撰写有关金融论文等金融研究工作。著有《人民币的理论与实践》《人民币史话》等书。

石雷介绍："当时，我是有意收藏的。原因是：其一，作为我参加筹建中国人民银行的纪念。自1948年10月起，直至人民银行成立发行钞票为止，我全程参加了人民银行的筹建工作，具体联系票版的设计，票子的印刷、运输、保管，直至1948年12月1日人民币的发行工作。其二，中国人民银行成立，在中国银行史上占有重要地位。留此票子庆祝它的成立，为中国人民银行钞票史留下史料。这种思想是董必武、南汉宸等老一辈教育的结果。在筹备人民银行期间，他们经常鼓励和教育我们，要全心全意地把每件工作搞好，把目前的具体工作和将来的人民银行成立联系起来。今天的每项工作都在谱写中国人民银行的历史，将来写中国人民银行史就会联想到此时此刻的情景。"

石雷珍藏的这张人民币，不但为中国人民银行印制史留下了珍贵的史料，也成为价值连城的稀世珍宝，并受到海内外钱币收藏界的广泛关注。前些年，海外有人出数十万元甚至上百万元高价求购，都被一一回绝。石雷认为，这张人民币虽然是他个人收藏的，但它属于中国人民银行，属于中华人民共和国，绝不会让它流失海外。

故事四：10元人民币上的人物今何在？

"这张人民币上面的工人就是我的画像。"指着一张绿色图案的第一套人民币10元券，86岁的杨琦老人笑着说。1948年12月1日，中国人民银行以华北银行为基础，合并北海银行、西北农民银行，在河北省石家庄市组建成立，并发行人民币。杨琦是第一套人民币的设计雕刻制版者和参与者，也是第一套人民币10元钞票图案上的工人原型（图2-11）。

出生于上海的杨琦当年在华北印钞厂专门从事解放区流通货币的设计、研制工作。1948年的一天，时任央行行长南汉宸和印钞局长杨秉超把杨琦和

图2-11　第一套人民币10元券正面

同事翟英找来，向他们秘密下达了重新设计、创作、雕刻人民币铜版的任务，还提出人民币票面应当尽量反映解放区和即将成立的中华人民共和国工农业生产蓬勃发展的局面。当时，杨琦和翟英经过反复思考，决定在10元、50元人民币图案上设计工人和农民形象。

由于人民币设计印制是在完全保密的情况下进行的，模特也只能在有限的范围里寻找，南汉宸和杨秉超就把杨琦和翟英当时的照片以及档案报了上去，上级领导认为杨琦本来就是工人出身，翟英是农民出身，而且都长得人高马大、体魄健壮、外形英俊，当模特原型很合适，就这样，杨琦被幸运地定为10元人民币上的工人模特（图2-12）。

图2-12　杨琦青年照与现照

"当时没有照相机，只能请画师画好肖像再制版。"杨琦回忆说，1948年4月初，北海印钞厂在山东五莲县红凝镇的一个偏僻小山村里租借了两间放农具的房屋，开始了人民币的美术设计。杨琦穿上工人的工作裤，戴上一顶工作帽，肩膀扛上榔头，翟英穿上房东老乡的衣服，戴上一顶用竹篾片编的凉帽，肩膀扛上一把锄头，同时请来一位40岁左右的李画师为杨琦、翟英画肖像画，经过6天才完成。随后，翟英负责工农并肩联合主景图设计创作，杨琦则负责人民币花边图案的设计创作。又经过两天，两人把主景图及吉祥、如意图案合并画在样稿上，一张10元人民币图案正式诞生。经过复杂的印钞工艺，北海印钞厂印制的第一套人民币终于在1948年秋完成，于1948年12月1日开始发行。

杨琦后来随军回到了故乡上海，一直在上海印钞厂工作，直到离休。如今他仍会天天动笔画国画。

故事五：极具收藏及鉴赏价值的第一套人民币

在过去的70多年里，前后共发行五套人民币纸币。第一套自1955年退出流通后，极具收藏价值。据悉，目前全套全新的"第一套人民币"价值高达300万元以上。

第一套人民币的收藏中素有被专家称为"十二珍品"的"5元水牛""20元打场""100元帆船""500元瞻德城""1000元马饮水""5000元牧羊""5000元渭河桥""5000元蒙古包""10000元骆驼队""10000元牧马""50000元新华门""50000元收割机"。其中，高品位的六张蒙维文版纸币最难收集。首先，这六张流通券是在第一套人民币印制后期，仅限在少数民族地区发行的。1951年3月20日，中华人民共和国政务院发布统一关内外币制命令。当年4月1日起，收回东北银行和内蒙古人民银行的流通券，5月1日发行蒙文的人民币"5000元蒙古包""10000元牧马"两种；同年11月1日在新疆维吾尔自治区发行维文版的"500元瞻德城""1000元牧马饮水""5000元牧羊"和"10000元骆驼队"四种，限期收回新疆银元券。其次是发行量少，留存量更为稀少。例如上海印钞厂从1949年5月到1954年共承印过第一套人民币中的8种面额，11个品种。其中该厂1951年承印的维文版"10000元骆驼队"采用挪威道林纸，使用双面胶版印刷工艺，印制数量较其他品种少得多。

鉴于这六张蒙维文版钞券是在中华人民共和国初期内蒙古、新疆地区发行的，当时该地区经济落后局面还未能恢复，人民生活十分艰苦，很少有人有能力将其完整留存。1955年，国家实行币制改革，发行了第二套人民币，又限期将第一套人民币兑换交回国库销毁，再加上近70年的岁月流逝，在民间留下的就十分稀少了。因此，第一套人民币极具收藏价值。其中，1951年第一版人民币"10000元牧马"，九成新，在2016年11月15日诚轩秋季拍卖会上的成交价为138000元。

第一套人民币纸币62种中，稀缺程度排名前三的是蒙文版"10000元牧马""5000元蒙古包"和维文版"500元瞻德城"。

故事六：第一套人民币是唯一 一套没有国徽的人民币

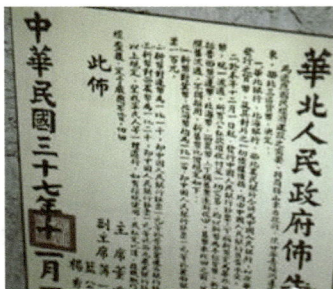

图2-13 关于统一货币的布告

关于第一套人民币的诞生背景，让我们从1947年说起。位于河北省阜平县的南峪村迎来了一位身份极其特殊的人——董必武，这次的视察，为我国第一套人民币的印刷奠定了基础。

由于当时在各个解放区中，每个解放区都发行自己的货币，并没有统一的货币，随着解放区的逐渐扩大，随之而来的就是经济问题，因此，中央决定统一经济货币（图2-13），在筹备中国人命银行的同时，还命人设计制作出了第一套人民币，设计出第一套人民币的两个人就是王益久和沈乃镛。人民币的样式设计出来后，经过中央的拍板，到了发行的时候却又出了问题，因为时间紧迫，第一套的人民币是由总计21家印刷厂共同印制的，这也造成了第一套人民币的一些差别。时至今日，据专家称，全球留存的整套第一套人民币已不足100套，而第一套人民币也是我国历史上唯一一套没有国徽的人民币，因为第一套人民币是1949年前印制并使用的，而在1949年前还并没有统一的国徽标示。

第三节　第一套人民币特征及票样 1—10元

一、第一套人民币1元工厂

（一）基本信息（表2-1）

表2-1　第一套人民币1元工厂基本信息

名　　称	工厂	面　　值	1元
发行时间	1949年8月	停用时间	1955年5月10日
票面尺寸	116mm×56mm	字冠号码	三字冠、八号码
正面图案	左侧为工厂和汽车图，主色为蓝灰色	背面图案	花球，主色为灰色
印刷工艺	胶印三色	印刷单位	上海印钞厂

（二）特点

（1）无水印。

（2）底纹为曲纹。

（3）暗记：①正面左侧靠边框的树梢上有"R"；②左下花符与树根之间也有"R"；③右侧面值下心形图形内有"中"；④左侧粗树的树杈间有"人"；⑤左侧房子墙上有"2"；⑥行名右侧花符中有"D"和"C"；⑦背面年号左右有"Y"和"Q"。

（4）冠字只见"ⅠⅡⅢ"一种。

图片鉴赏及暗记位置如下（图2-14、图2-15）。

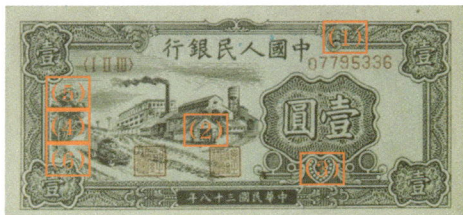

图2-14　第一套人民币1元工厂正面

图2-15　第一套人民币1元工厂背面

33

二、第一套人民币一版1元工农

（一）基本信息（表2-2）

表2-2　第一套人民币一版1元工农基本信息

名　　称	工农	面　　值	1元
发行时间	1949年1月10日	停用时间	1955年5月10日
票面尺寸	113mm×54mm	字冠号码	三字冠、无号码
正面图案	左侧为工人和农民图，主色为蓝色	背面图案	花符，主色为棕色
印刷工艺	胶印三色	印刷单位	中国人民银行直属印刷厂和天津人民印刷厂

（二）特点

（1）无水印。

（2）无底纹。

（3）暗记：①正面左侧工农图左侧有"A"；②正面右侧面值"壹"字里有"一"和"人"。

（4）只有冠字，无号码，冠字均为"ⅠⅡⅢ"。

（5）纸张有黄与白两种，黄色纸张有红蓝纤维丝分布。

图片鉴赏及暗记位置如下（图2-16、图2-17）。

图2-16　第一套人民币一版1元工农正面

图2-17　第一套人民币一版1元工农正背面

三、第一套人民币5元纺织

（一）基本信息（表2-3）

表2-3　第一套人民币5元纺织基本信息

名　　称	纺织	面　　值	5元
发行时间	1949年8月	停用时间	1955年5月10日
票面尺寸	116mm×56mm	字冠号码	三字冠、八号码
正面图案	左侧为织布图，主色为浅棕色	背面图案	花符，主色为茶色
印刷工艺	胶印三色	印刷单位	上海印钞厂

（二）特点

（1）有英文字母水印和无水印两种，有水印者极少。

（2）有薄纸和厚纸之分，薄纸很少见。

（3）底纹由"伍""5"和曲纹组成。

（4）暗记：①正面右侧面额下花心上有"中"；②正面织布机左侧有"中"；③正面织布机右侧墙根有"H"；④背面右侧面值花符右、上、下方各有一"人"；⑤背面行名上方花符中有"工"和"☆"；⑥背面左侧面值花符右上方有"民"；⑦背面左侧面值左下方花符内有"中"。

（5）冠字只见"ⅠⅡⅢ"一种。

图片鉴赏及暗记位置如下（图2-18、图2-19）。

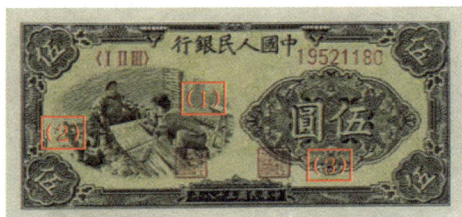

图2-18　第一套人民币5元纺织正面

图2-19　第一套人民币5元纺织背面

四、第一套人民币5元水牛

（一）基本信息（表2-4）

表2-4　第一套人民币5元水牛基本信息

名　称	水牛	面　值	5元
发行时间	1949年7月	停用时间	1955年5月10日
票面尺寸	117mm×60mm	字冠号码	三字冠、七号码
正面图案	包含水牛、马车、犁的图案，主色为深蓝色	背面图案	花球组合，主色为深棕色
印刷工艺	石印三色	印刷单位	延安光华印刷厂

（二）特点

（1）无水印，纸质差，色泽黑暗。

（2）无底纹。

（3）暗记：①正面左右下角面额方框四周均有"解放西北"四字；②正面下方有"光华印刷厂"字样。

（4）设计风格不同于其他票券：正面行名为拱形书写；票面同时设计有三幅图案；面额设计不突出、不醒目；下边框印有"光华印刷厂"字样；图章为蓝色；票幅较大；背面的小字面值"圆"字书写特别。

（5）冠字只见"ⅠⅡⅢ"一种。

图片鉴赏及暗记位置如下（图2-20、图2-21）。

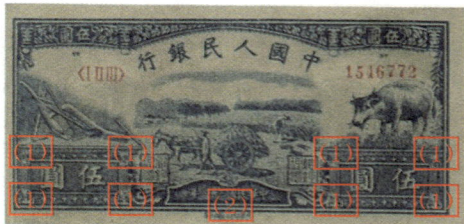

图2-20　第一套人民币5元水牛正面

图2-21　第一套人民币5元水牛背面

五、第一套人民币5元牧羊

（一）基本信息（表2-5）

表2-5　第一套人民币5元牧羊基本信息

名　称	牧羊	面　值	5元
发行时间	1949年2月23日	停用时间	1955年5月10日
票面尺寸	117mm×56mm	字冠号码	三字冠、八号码
正面图案	左侧为牧羊图，主色为绿色	背面图案	花符，主色为绿色
印刷工艺	胶印三色	印刷单位	中国人民银行直属印刷厂

（二）特点

（1）无水印。

（2）底纹为横纹，底色有绿色和浅粉红色两种。

（3）暗记：①正面右侧图章右下和右侧有"中"；②正面右下角总经理图章左下角有"Z"；③正面左侧靠边框树丛中有"中"；④正面左侧靠边框树丛中有"人"；⑤正面下面左侧有一个空心三角包；⑥正面左下角面值下有一加号"＋"；⑦背面行名下花符中有"5"。

图片鉴赏及暗记位置如下（图2-22、图2-23）。

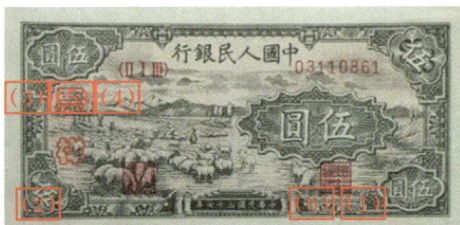

图2-22　第一套人民币5元牧羊正面

图2-23　第一套人民币5元牧羊背面

37

六、第一套人民币5元帆船

（一）基本信息（表2-6）

表2-6　第一套人民币5元帆船基本信息

名　　称	帆船	面　　值	5元
发行时间	1949年1月10日	停用时间	1955年5月10日
票面尺寸	115mm×56mm	字冠号码	三字冠、七号码
正面图案	左侧为帆船图，主色为浅蓝色或黑色	背面图案	花符，主色为绿色和蓝黑色
印刷工艺	石印三色	印刷单位	第二印制局

（二）特点

（1）无水印。

（2）底纹由曲纹和白云组成。

（3）暗记：①正面左下角面值字外有"5"；②正面左下角面值外小花符右下有"Z"；③正面右下角面值外小花符左下有"中"；④正面左侧帆下有"Y"；⑤正面中间面值"圆"字中有"人"；⑥背面中间有一数字"0"。

（4）纸质有白与黄、厚与薄之分，颜色有深浅之分。浅蓝色较多些，深蓝色较少。

（5）正面图案借用1948年版中州农民银行20元券图案。

图片鉴赏及暗记位置如下（图2-24、图2-25）。

图2-24　第一套人民币5元帆船正面

图2-25　第一套人民币5元帆船背面

七、第一套人民币10元工农

（一）基本信息（表2-7）

表2-7　第一套人民币10元工农基本信息

名　称	工农	面　值	10元
发行时间	1949年8月	停用时间	1955年5月10日
票面尺寸	121mm×64mm	字冠号码	三字冠、八号码
正面图案	左侧为工人和农民图，主色为蓝色	背面图案	左侧为六和塔，主色为蓝黑色
印刷工艺	胶印三色	印刷单位	上海印钞厂

（二）特点

（1）有带英文字母水印和无水印两种钞纸，带英文字母水印者极少，纸张颜色有白黄之分。

（2）底纹由"拾圆"和"花束"组成。

（3）暗记：①正面正上方心形花饰上有"中"；②正面左侧工人胸前花符上有"共"；③正面右上角面值花符中有"人"；④背面左侧树丛中有"合"；⑤背面右上角花符上有"作"；⑥背面右下方年号右侧有"行"。

（4）冠字只发现"ⅠⅡⅢ"一种。

图片鉴赏及暗记位置如下（图2-26、图2-27）。

图2-26　第一套人民币10元工农正面

图2-27　第一套人民币10元工农背面

八、第一套人民币10元火车

（一）基本信息（表2-8）

表2-8　第一套人民币10元火车基本信息

名　　称	火车	面　　值	10元
发行时间	1949年5月25日	停用时间	1955年5月10日
票面尺寸	122mm×64mm	字冠号码	三字冠、八号码
正面图案	左侧为火车图，主色为茶色	背面图案	花符，主色为绿色
印刷工艺	凸印四色	印刷单位	第三印制局

（二）特点

（1）无水印。

（2）底纹由"中国人民银行"和"拾圆"组成。

（3）暗记：①正面火车头上有"252"；②正面左侧烟筒房子下有"工"；③正面左上角面值花符左下有"中"；④正面右上角面值花符右下有"中"；⑤背面中间大花符左侧有"2"；⑥背面中间大花符右侧有"5"。

（4）冠字只见"ⅠⅡⅢ"一种。

图片鉴赏及暗记位置如下（图2-28、图2-29）。

图2-28　第一套人民币10元火车正面　　图2-29　第一套人民币10元火车背面

九、第一套人民币10元锯木犁

（一）基本信息（表2-9）

表2-9　第一套人民币10元锯木犁基本信息

名　称	锯木犁	面　值	10元
发行时间	1949年2月23日	停用时间	1955年5月10日
票面尺寸	122mm×65mm	字冠号码	三字冠、六号码
正面图案	左侧为锯木图，右侧为犁田图，主色为粉红色	背面图案	花符，主色为茶色
印刷工艺	胶印三色	印刷单位	东北银行工业处佳木斯印刷厂

（二）特点

（1）有横波纹水印和竖波纹水印两种，后者极少，纸色黄黑。

（2）号码形体有粗壮体和细瘦体两种，细瘦体若按字体大小可划分为多种。

（3）底纹由"拾""10"和花纹组成。

（4）暗记：①正面左侧房屋上有"A"；②正面右侧房屋上有"M"；③背面右侧"拾"字中有"光"，④背面左侧"拾"字中有"明"；⑤背面年号下面中间有"在"；⑥背面右下角面值花符上方有"前"。

（5）此券新券较多，常见连号券，也发现过重号者。

图片鉴赏及暗记位置如下（图2-30、图2-31）。

图2-30　第一套人民币10元锯木犁正面

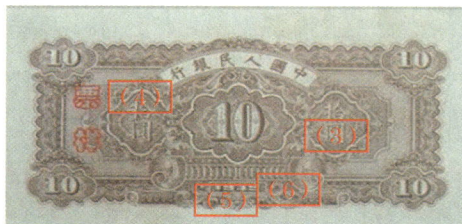

图2-31　第一套人民币10元锯木犁背面

十、第一套人民币一版10元灌田矿井

（一）基本信息（表2-10）

表2-10　第一套人民币一版10元灌田矿井基本信息

名　　称	灌田矿井	面　值	10元
发行时间	1948年12月1日	停用时间	1955年5月10日
票面尺寸	121mm×63mm	字冠号码	三字冠、七号码
正面图案	左侧为灌田图，右侧为矿井图，主色为深绿色	背面图案	花符，主色为蓝绿色
印刷工艺	石印四色	印刷单位	第三印刷局

（二）特点

（1）无水印。

（2）底纹由"拾圆"和禾穗组成。

（3）暗记：①正面右侧房子墙上有"W"；②正面左侧弯腰人腿后也有"W"；③背面右侧面值下方有"口"；④背面中间面值中间有五角星图案；⑤背面左侧面值花符中有"I"。

（4）第一套人民币一版10元灌田矿井是首批发行的票券之一。

（5）纸张有厚薄，颜色有深浅。

图片鉴赏及暗记位置如下（图2-32、图2-33）。

图2-32　第一套人民币一版10元灌田矿井
正面

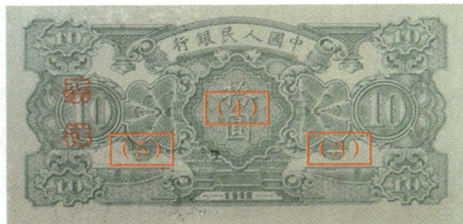

图2-33　第一套人民币一版10元灌田矿井
背面

第四节　第一套人民币特征及票样20—50元

一、第一套人民币20元运肥火车

（一）基本信息（表2-11）

表2-11　第一套人民币20元运肥火车基本信息

名　　称	运肥火车	面　　值	20元
发行时间	1948年12月1日	停用时间	1955年5月10日
票面尺寸	121mm×64mm	字冠号码	三字冠、八号码
正面图案	左侧为农民运肥图，右侧为火车图，主色为棕色	背面图案	花符，主色为紫红色
印刷工艺	胶印四色	印刷单位	第三印刷局

（二）特点

（1）无水印。

（2）底纹由几何图形和花纹组成。

（3）暗记：①正面左侧右边树叶上有"R"；②右侧右火车上有"209"；③背面行名左上角有个三角包，三角包里是三横；④行名右上角也有个三角包，三角包里是两横。

（4）冠字只见"ⅠⅡⅢ"一种，是首批发行的票券之一；纸张有黄白之分。

图片鉴赏及暗记位置如下（图2-34、图2-35）。

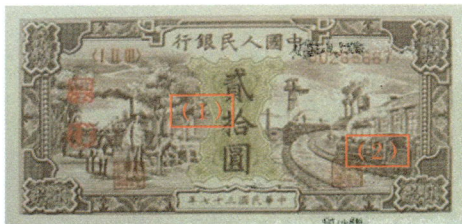

图2-34　第一套人民币20元运肥火车正面

图2-35　第一套人民币20元运肥火车背面

二、第一套人民币20元六和塔（紫红面）

（一）基本信息（表2-12）

表2-12　第一套人民币20元六和塔（紫红面）基本信息

名　　称	六和塔（紫红面）	面　　值	20元
发行时间	1949年10月	停用时间	1955年5月10日
票面尺寸	125mm×63mm、120mm×63mm	字冠号码	三字冠、六号码
正面图案	左侧为六和塔和牛群图，主色为紫红色	背面图案	花符，主色为黑灰色
印刷工艺	石印三色	印刷单位	中原印刷厂

（二）特点

（1）无水印。

（2）底纹由"中国人民银行"组成。

（3）暗记：背面右侧"20"的"2"下有个"人"字。

（4）图章内容为"经理之章""副理之章"，不同于其他票券。

（5）背面无年号。

（6）本券有蓝面和紫红面两种，其中紫红面存世数量较少。紫红面存在两种版别，一种为宽版券，票幅是125mm×63mm；另一种为狭版券，票幅是120mm×63mm。

图片鉴赏及暗记位置如下（图2-36、图2-37）。

图2-36　第一套人民币20元六和塔（紫红面）正面　　图2-37　第一套人民币20元六和塔（紫红面）背面

三、第一套人民币20元打场

（一）基本信息（表2-13）

表2-13　第一套人民币20元打场基本信息

名　称	打场	面　值	20元
发行时间	1949年9月	停用时间	1955年5月10日
票面尺寸	120mm×62mm	字冠号码	三字冠、七号码
正面图案	中间为打场图，主色为浅蓝色或蓝黑色	背面图案	花符，主色为深蓝色
印刷工艺	石印三色	印刷单位	第二印制局

（二）特点

（1）无水印，纸张中有红蓝纤维丝。

（2）底纹由花环组成，底色可分为明显的蓝与黑两种，黑色较少。

（3）暗记：①正面打场图下部草丛中有"A"；②背面行名中字正下方的花符中有数字"20"。

图片鉴赏及暗记位置如下（图2-38、图2-39）。

图2-38　第一套人民币20元打场正面

图2-39　第一套人民币20元打场背面

四、第一套人民币20元帆船与火车（小帆船）

（一）基本信息（表2-14）

表2-14　第一套人民币20元帆船与火车（小帆船）基本信息

名　　称	帆船与火车（小帆船）	面　　值	20元
发行时间	1949年8月	停用时间	1955年5月10日
票面尺寸	121mm×63mm	字冠号码	三字冠、无号码
正面图案	左侧为帆船图，右侧为火车图，主色为棕黄色	背面图案	花符，主色为茶色
印刷工艺	凸印四色	印刷单位	苏北印钞厂

（二）特点

（1）无水印。

（2）底纹由"中国人民银行"和几何图形组成。

（3）暗记：①正面右侧火车头上方有"C"；②右侧火车头中部有"R"；③右下角"贰拾"左侧有数字"1"和"4.14"；④左侧帆船前有"1949"。

（4）纸张有厚、薄、黄、白之分。

（5）冠字只发现"ⅠⅡⅢ"一种。

图片鉴赏及暗记位置如下（图2-40、图2-41）。

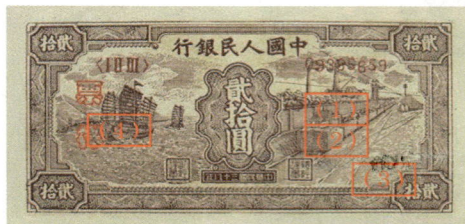

图2-40　第一套人民币20元帆船与火车（小帆船）正面

图2-41　第一套人民币20元帆船与火车（小帆船）背面

五、第一套人民币20元立交桥

（一）基本信息（表2-15）

表2-15　第一套人民币20元立交桥基本信息

名　称	立交桥	面　值	20元
发行时间	1949年8月	停用时间	1955年5月10日
票面尺寸	121mm×64mm	字冠号码	三字冠、八号码
正面图案	左侧为工厂、大桥和火车图案，主色为绿色	背面图案	花球，主色为墨绿色
印刷工艺	胶印四色	印刷单位	上海印钞厂

（二）特点

（1）无水印。

（2）底纹由"中国人民银行"和"贰拾圆"组成。

（3）暗记：①正面左侧的桥上有个"上"字；②左下角面值"贰拾"的"贰"字旁边有个"元"字；③第一个桥墩旁边有个"沪"字；④第二个桥墩上有个字母"H"；⑤第二个桥墩右侧有个字母"R"；⑥中间面值"拾"字上有个"大"字；⑦背面行名的左上角有个"中"和"民"字；⑧中间面值的左侧有个"由"字；⑨中间面值数字"0"中有个"自"字；⑩行名的右侧有个"出"字。（注：有"无自由版"和"有自由版"两套，即以票券背面是否有"自由"两字暗记为区分；无自由版的市场价格是有自由版的2倍。）

（4）冠字只发现"ⅠⅡⅢ"一种。

图片鉴赏及暗记位置如下（图2-42、图2-43）。

图2-42　第一套人民币20元立交桥正面　　图2-43　第一套人民币20元立交桥背面

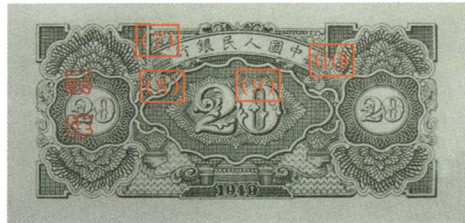

六、第一套人民币20元推车

（一）基本信息（表2-16）

表2-16　第一套人民币20元推车基本信息

名　　称	推车	面　　值	20元
发行时间	1949年2月23日	停用时间	1955年5月10日
票面尺寸	120mm×64mm	字冠号码	三字冠、七号码
正面图案	中间为推车图，主色为蓝绿色	背面图案	花符，主色为深绿色
印刷工艺	胶印四色	印刷单位	天津人民印刷厂和北京印钞厂

（二）特点

（1）无水印，纸色黑暗。

（2）底纹由"中国人民银行"和花纹组成。

（3）暗记：①正面中心主图推车人身后有"C"；②背面左侧花符右下有"2"；③右侧花符左下有"0"；④行名右侧有"人"。

图片鉴赏及暗记位置如下（图2-44、图2-45）。

图2-44　第一套人民币20元推车正面

图2-45　第一套人民币20元推车背面

七、第一套人民币50元铁路

（一）基本信息（表2-17）

表2-17 第一套人民币50元铁路基本信息

名　　称	铁路	面　　值	50元
发行时间	1951年10月1日	停用时间	1955年5月10日
票面尺寸	134mm×70mm	字冠号码	三字冠、号码有六位和七位之分
正面图案	中间的图上有一列飞驰的火车，主色为黄黑色	背面图案	花符，主色为棕色
印刷工艺	胶印四色	印刷单位	天津人民印刷厂

（二）特点

（1）无水印、纸质有厚、薄差异，颜色有深、浅之别。

（2）底纹由"中国人民银行"和几何图形组成。

（3）暗记：①正面左下角面值"伍拾"的"伍"字上有数字"5"；②右下角面值"伍拾"的"拾"下有"十"；③右上角面值"伍拾"的"伍"上有"十"；④背面中间面值之间有"行"字；⑤中间"伍"字的左边有"中"字；⑥年号左上有数字"0"；⑦年号右上角有数字"5"。

图片鉴赏及暗记位置如下（图2-46、图2-47）。

图2-46 第一套人民币50元铁路七位号正面　　图2-47 第一套人民币50元铁路七位号背面

八、第一套人民币50元工农

（一）基本信息（表2-18）

表2-18　第一套人民币50元工农基本信息

名　　称	工农	面　　值	50元
发行时间	1949年8月	停用时间	1955年5月10日
票面尺寸	134mm×70mm	字冠号码	三字冠、号码有六位和八位之分
正面图案	工人、农民图像，主色为棕色	背面图案	花球，主色为棕色
印刷工艺	胶印三色	印刷单位	上海印钞厂

（二）特点

（1）无水印。

（2）正面底纹由"中国人民银行""伍拾圆"及五角星组成；背面底纹由"50"及网纹组成，是唯一一张背面设计文字底纹的票券。

（3）暗记：①正面行名左侧花饰左花符下有"上"；②行名左侧花饰右花符上有"人"；③行名右侧花符中有"中"；④背面行名左侧花饰中有"工""中"；⑤行名右侧花饰中心有"上""工""中"；有的收藏家还发现此券另有一套暗记，在正背面增加"大""东"暗记，称"大东版"。

图片鉴赏及暗记位置如下（图2-48、图2-49）。

图2-48　第一套人民币50元工农六位号正面　　图2-49　第一套人民币50元工农六位号背面

九、第一套人民币50元压路机

（一）基本信息（表2-19）

表2-19　第一套人民币50元压路机基本信息

名　　称	压路机	面　　值	50元
发行时间	1949年10月3日	停用时间	1955年5月10日
票面尺寸	133mm×70mm	字冠号码	三字冠、六号码
正面图案	左侧边框有工人、农民和齿轮图案，右侧为轧道机图，主色为蓝绿色	背面图案	左侧为花符，右侧为马车图，主色为棕色
印刷工艺	胶印四色	印刷单位	中原印制厂

（二）特点

（1）无水印。

（2）底纹由"中国人民银行"组成。

（3）暗记：①正面右侧压路机驾驶员右侧有"中"；②背面左侧花符左端有"人"；③右侧马车图左下有"中"。

（4）纸质有厚、薄之别，颜色有深浅之分。

图片鉴赏及暗记位置如下（图2-50、图2-51）。

图2-50　第一套人民币50元压路机正面　　图2-51　第一套人民币50元压路机背面

十、第一套50元火车大桥蓝色（蓝火车）

（一）基本信息（表2-20）

表2-20　第一套50元火车大桥蓝色（蓝火车）基本信息

名　称	火车大桥蓝色（蓝火车）	面　值	50元
发行时间	1949年6月	停用时间	1955年5月10日
票面尺寸	133mm×69mm	字冠号码	三字冠、八号码
正面图案	左侧为火车图，右侧为大桥图，主色为蓝色	背面图案	高压线与汽车图案，主色为红色
印刷工艺	胶印四色	印刷单位	第三印制局

（二）特点

（1）无水印。

（2）底纹由"中国人民银行"组成，底色有黄白之分。

（3）暗记：正面右侧桥的左下方分别有"文""民""人"。

（4）此券由中国人民银行华东区行与50元火车大桥红色（红火车）版本正、背面调换颜色后印制发行。

图片鉴赏及暗记位置如下（图2-52、图2-53）。

图2-52　第一套人民币50元火车大桥蓝色（蓝火车）正面

图2-53　第一套人民币50元火车大桥蓝色（蓝火车）背面

十一、第一套人民币50元火车大桥红色（红火车）

（一）基本信息（表2-21）

表2-21　第一套人民币50元火车大桥红色（红火车）基本信息

名　　称	火车大桥红色（红火车）	面　　值	50元
发行时间	1949年2月10日	停用时间	1955年5月10日
票面尺寸	132mm×70mm	字冠号码	三字冠、八号码
正面图案	左侧为火车图，右侧为大桥图，主色为红色	背面图案	高压线与汽车图案，主色为蓝色
印刷工艺	胶印四色	印刷单位	第三印制局

（二）特点

（1）无水印。

（2）底纹由"中国人民银行"组成。

（3）暗记：①正面右侧桥下有个"民"字；②背面汽车左上方有字母"E"。

（4）冠字只见"ⅠⅡⅢ"一种。但笔者发现有的书上刊出冠字有"ⅣⅡⅩ"号，推测为电脑改号。

（5）此券极少见，属于低面值票券中的大珍品。

图片鉴赏及暗记位置如下（图2-54、图2-55）。

图2-54　第一套人民币50元火车大桥红色
（红火车）正面

图2-55　第一套人民币50元火车大桥红色
（红火车）背面

十二、第一套人民币50元水车矿车

（一）基本信息（表2-22）

表2-22　第一套人民币50元水车矿车基本信息

名　称	水车矿车	面　值	50元
发行时间	1949年12月1日	停用时间	1955年5月10日
票面尺寸	133mm×70mm	字冠号码	三字冠、八号码
正面图案	左侧为驴拉水车图，右侧为矿车图，主色为棕色	背面图案	花符，主色为浅黄色
印刷工艺	胶印五色	印刷单位	第一印刷局

（二）特点

（1）无水印。

（2）底纹由"伍拾圆"和几何图形组成。

（3）暗记：①正面山坡上有"人"；②中央面值左下方有"中"；③右下角花符旁有"民"。

（4）是首批发行的票券之一，其（ⅠⅡⅢ）0000001号票券由石雷先生收藏。

（5）冠字只发现"ⅠⅡⅢ"一种。

图片鉴赏及暗记位置如下（图2-56、图2-57）。

图2-56　第一套人民币50元水车矿车正面

图2-57　第一套人民币50元水车矿车背面

第五节　第一套人民币特征及票样100—500元

一、第一套人民币100元帆船（大帆船）

（一）基本信息（表2-23）

表2-23　第一套人民币100元帆船（大帆船）基本信息

名　称	帆船（大帆船）	面　值	100元
发行时间	1950年1月20日	停用时间	1955年5月10日
票面尺寸	132mm×69mm	字冠号码	三字冠、七号码
正面图案	左侧为帆船图，主色为黄棕色	背面图案	花符，主色为墨绿色
印刷工艺	胶印四色	印刷单位	重庆印刷厂

（二）特点

（1）无水印。

（2）底纹由"中国人民银行"和几何图形组成。

（3）暗记：①正面左下角面额"圆"字右上角有"田"；②左下角面额"佰"字右侧有"人"；③左下角花符右侧有"民"；④右上角面额"佰"字的左侧有"民"；⑤右上角面额"圆"字右上有"人"；⑥背面年号左上角花符中有数字"0"。

（4）纸张有红蓝纤维丝。

（5）冠字只见"ⅠⅡⅢ"一种。

图片鉴赏及暗记位置如下（图2-58、图2-59）。

图2-58　第一套人民币100元帆船（大帆船）正面　图2-59　第一套人民币100元帆船（大帆船）背面

二、第一套人民币100元耕地与工厂

（一）基本信息（表2-24）

表2-24　第一套人民币100元耕地与工厂基本信息

名　　称	耕地与工厂	面　　值	100元
发行时间	1949年1月10日	停用时间	1955年5月10日
票面尺寸	132mm×69mm	字冠号码	三字冠、八号码
正面图案	左侧为牛耕图，右侧为工厂图，主色为黄紫色	背面图案	花符，主色为棕色
印刷工艺	胶印五色	印刷单位	第一印制局

（二）特点

（1）有空心水印和无水水印两种，纸质有薄厚之分。

（2）底纹由"中国人民银行"组成。

（3）暗记：①正面右侧房子下有"X""山"；②右侧房子煤堆中有"中"。

（4）号码形体有大小两种。

图片鉴赏及暗记位置如下（图2-60、图2-61）。

图2-60　第一套人民币100元耕地与工厂正面

图2-61　第一套人民币100元耕地与工厂背面

三、第一套人民币100元工厂与火车（黑工厂）

（一）基本信息（表2-25）

表2-25　第一套人民币100元工厂与火车（黑工厂）基本信息

名　称	工厂与火车（黑工厂）	面　值	100元
发行时间	1949年2月5日	停用时间	1955年5月10日
票面尺寸	133mm×69mm	字冠号码	三字冠、八号码
正面图案	左侧为工厂图，右侧为火车图，主色为蓝黑色	背面图案	花符，主色为灰黄色
印刷工艺	胶印五色	印刷单位	第三印制局

（二）特点

（1）无水印。

（2）底纹为花纹。

（3）暗记：①正面右下角火车道旁有"中"；②背面左上角花符右侧有"R"。

（4）号码形体有大小之分。

图片鉴赏及暗记位置如下（图2-62、图2-63）。

图2-62　第一套人民币100元工厂与火车（黑工厂）正面

图2-63　第一套人民币100元工厂与火车（黑工厂）背面

57

四、第一套人民币100元工厂红色（红工厂）

（一）基本信息（表2-26）

表2-26　第一套人民币100元工厂红色（红工厂）基本信息

名　称	工厂红色（红工厂）	面　值	100元
发行时间	1949年3月20日	停用时间	1955年5月10日
票面尺寸	132mm×68mm	字冠号码	三字冠、七号码
正面图案	左右为工厂图，主色为红色	背面图案	花符，主色为棕色
印刷工艺	凹凸印一色、胶印一色	印刷单位	北京印钞厂

（二）特点

（1）无水印。

（2）底纹由"中国人民银行"和几何图形组成。

（3）暗记：①正面中央面值右下角有"民"；②背面右侧面额"100"的"1"和"0"中间有"壹佰元"三字；③左侧面额100的两个数字"0"中间有"人民币"三字；④行名国字下有"中"字；⑤行名银字下有"人"字；⑥右侧面额下网纹内有数字"100"。

（4）冠号为蓝色，这是第一套人民币中少有的蓝冠字号。

（5）凹印效果极佳。

图片鉴赏及暗记位置如下（图2-64、图2-65）。

图2-64　第一套人民币100元工厂红色（红工厂）正面

图2-65　第一套人民币100元工厂红色（红工厂）背面

五、第一套人民币100元北海与角楼黄色圆三版

（一）基本信息（表2-27）

表2-27　第一套人民币100元北海与角楼黄色圆三版基本信息

名　　称	北海与角楼黄色圆三版	面　　值	100元
发行时间	1949年7月	停用时间	1955年5月10日
票面尺寸	135mm×70mm	字冠号码	三字冠、六号码
正面图案	左侧为北海公司的白塔及永安桥图景，右侧为故宫中的角楼图景，主色为黄黑色	背面图案	花符，主色为蓝紫色
印刷工艺	胶印五色	印刷单位	东北银行造币厂

（二）特点

（1）有空心星水印、菱花水印和波纹水印三种。

（2）底纹由"壹佰"和花纹组成。

（3）暗记：①正面桥栏左侧有"中"；②白塔左侧有"国"；③白塔右侧有"人"；④白塔右下有"民"，"民"字的右侧有"革"；⑤角楼下靠右柱子间有"银"；⑥角楼右下角有"行"；⑦背面中间大花符左下方有"民"；⑧行名左上方有"银"；⑨右上角花符右下有"行"；⑩行名的右上角有"国"。

（4）号码至少有四种不同字体。

（5）纸张间距有长短之别：长间距为4.2厘米，短间距为2厘米，长间距版本较少。

图片鉴赏及暗记位置如下（图2-66、图2-67）。

图2-66　第一套人民币100元北海与角楼黄色圆三版正面

图2-67　第一套人民币100元北海与角楼黄色圆三版背面

六、第一套人民币100元北海与角楼蓝色

（一）基本信息（2-28）

表2-28　第一套人民币100元北海与角楼蓝色基本信息

名　称	北海与角楼蓝色	面　值	100元
发行时间	1949年3月25日	停用时间	1955年5月10日
票面尺寸	134mm×70mm	字冠号码	三字冠、六号码
正面图案	左侧为北海公园的白塔和永安桥图景，右侧为故宫中的角楼图景，主色为蓝黑色	背面图案	花符，主色为蓝黑色
印刷工艺	胶印五色	印刷单位	东北银行造币厂

（二）特点

（1）有空心星水印、菱花水印和波纹水印三种。

（2）底纹由"壹佰"和花纹组成。

（3）暗记：本券暗记与黄面券相同。①正面桥栏左侧有"中"；②白塔左侧有"国"；③白塔右侧有"人"；④白塔右下有"民"，"民"字的右侧有"革"；⑤角楼下靠右柱子间有"银"；⑥角楼右下角有"行"；⑦背面中间大花符左下方有"民"：⑧行名左上方有"银"；⑨右上角花符右下有"行"；⑩行名的右上角有"国"。

（4）北海与角楼蓝面券比黄面券的存世量要多。

　　图片鉴赏如下（图2-68、图2-69），暗记不再标出。

图2-68　第一套人民币100元北海与角楼蓝色正面

图2-69　第一套人民币100元北海与角楼蓝色背面

七、第一套人民币100元驮运

（一）基本信息（表2-29）

表2-29 第一套人民币100元驮运基本信息

名　称	驮运	面　值	100元
发行时间	1949年11月5日	停用时间	1955年5月10日
票面尺寸	135mm×70mm	字冠号码	三字冠、七号码
正面图案	中间驮运图中为南昌工厂和农民翻地，主色为茶黄色	背面图案	花符，主色为蓝绿色
印刷工艺	胶印四色	印刷单位	中原印钞厂

（二）特点

（1）无水印。

（2）底纹由"中国人民银行"和花纹组成。

（3）暗记：①正面中间烟筒下有"中"；②左侧面额"壹"字左侧花符内有"人"；③左侧面额"圆"字左侧有"民"；④右上角的花符内有"一"；⑤右侧有"百"。

（4）颜色有黄与白的差异。

图片鉴赏及暗记位置如下（图2-70、图2-71）。

图2-70 第一套人民币100元驮运正面

图2-71 第一套人民币100元驮运背面

八、第一套人民币100元红轮船

（一）基本信息（表2-30）

表2-30　第一套人民币100元红轮船基本信息

名　　称	红轮船	面　　值	100元
发行时间	1949年8月	停用时间	1955年5月10日
票面尺寸	134mm×70mm	字冠号码	三字冠、号码有六位和八位之分
正面图案	右侧为轮船图，主色为红色	背面图案	花座，主色为红色
印刷工艺	胶印四色	印刷单位	上海印钞厂

（二）特点

（1）无水印，纸色有白与黄之分，白色纸张中带有红蓝纤维丝。

（2）底纹由"中国人民银行"和"佰圆"组成。

（3）冠号为蓝色，号码有六位与八位数之别，六位数的票面呈红黄色，色泽较浅。

（4）暗记：①正面右侧楼房下有"中"字；②轮船喷出的烟中有"人""民"两字和字母"R"；③轮船头有"解放号"三字；④背面大花符左侧花符中有"民"；⑤年号的右上角花符内有"行"字；⑥行名右下角的花符内有"百"字；⑦行名下小花符内有字母"D"。有的收藏家把八位号票券按暗记不同至少划分为6种版别。

图片鉴赏及暗记位置如下（图2-72、图2-73）。

图2-72　第一套人民币100元红轮船
八位号正面

图2-73　第一套人民币100元红轮船
八位号背面

九、第一套人民币100元万寿山

（一）基本信息（表2-31）

表2-31 第一套人民币100元万寿山基本信息

名　称	万寿山	面　值	100元
发行时间	1949年2月5日	停用时间	1955年5月10日
票面尺寸	132mm×69mm	字冠号码	三字冠、七号码
正面图案	右侧为颐和园中的万寿山图景，主色为绿色	背面图案	火车图，主色为墨绿色
印刷工艺	凹凸印各一色	印刷单位	第三印制局

（二）特点

（1）无水印。

（2）无底纹。

（3）暗记：①正面行名右侧花符内有"二"；②行名左侧花符内有"三"；③左侧面值下花符内有"二""四""三"。

（4）正面主图借用华中银行1946年版200元券正面图景。

（5）颜色有深浅两种。边框有大框与小框之分。再版票的宽度比原版票小1毫米左右。

图片鉴赏及暗记位置如下（图2-74、图2-75）。

图2-74 第一套人民币100元万寿山正面

图2-75 第一套人民币100元万寿山背面

十、第一套人民币200元佛香阁（排云殿）平三版

（一）基本信息（表2-32）

表2-32　第一套人民币200元佛香阁（排云殿）平三版基本信息

名　称	佛香阁（排云殿）平三版	面　值	200元
发行时间	1949年5月8日	停用时间	1955年5月10日
票面尺寸	135mm×70mm	字冠号码	三字冠、六号码
正面图案	右侧为颐和园和万寿山智慧海图景，主色为紫色	背面图案	花符，主色为棕色
印刷工艺	胶印五色	印刷单位	东北银行造币厂

（二）特点

（1）空心水印和菱花水印两种。

（2）底纹由"贰佰"和花纹组成。

（3）暗记：①正面右上角面额内有"解"；②右下角面额内有"放"；③年号花符内有"全"；④左下角面额内有"中"；⑤左上角面额内有"国"；⑥背面中央大花团左下角花符内有"拥"；⑦中央大花团右下角花符内有"护"；⑧行名正下方的面额左边有"毛"；⑨行名正下方的面额右边有"主"；⑩行名右上角的花符内有"席"。

（4）号码形体至少有粗壮体大字、粗壮体小字和细瘦体三种，平头"3"极少。

（5）面值"贰"字书写特别。

图片鉴赏及暗记位置如下（图2-76、图2-77）。

图2-76　第一套人民币200元佛香阁（排云殿）平三版正面

图2-77　第一套人民币200元佛香阁（排云殿）平三版背面

十一、第一套人民币200元割稻

（一）基本信息（表2-33）

表2-33　第一套人民币200元割稻基本信息

名　　称	割稻	面　　值	200元
发行时间	1949年10月20日	停用时间	1955年5月10日
票面尺寸	133mm×70mm	字冠号码	三字冠、七号码
正面图案	左侧为农民割稻图，主色为蓝色	背面图案	花符，主色为蓝灰色
印刷工艺	凹凸印各一色	印刷单位	第三印制局

（二）特点

（1）无水印。

（2）无底纹。

（3）暗记：①正面左上角面额的左上角有"中"；②右上角面额的右上角有"行"；③年号上方的右侧花符中有"中"；④右侧花团左侧的小花符内有"山"；⑤背面中间面额"佰"字中有"工"，"圆"字右上角有"中"。

（4）颜色有深浅差异。

图片鉴赏及暗记位置如下（图2-78、图2-79）。

图2-78　第一套人民币200元割稻正面

图2-79　第一套人民币200元割稻背面

十二、第一套人民币200元炼钢

（一）基本信息（表2-34）

表2-34　第一套人民币200元炼钢基本信息

名　　称	炼钢	面　　值	200元
发行时间	1949年9月	停用时间	1955年5月10日
票面尺寸	134mm×70mm	字冠号码	三字冠、八号码
正面图案	左侧为炼钢图，主色为黄棕色	背面图案	花符，主色为黄棕色
印刷工艺	胶印五色	印刷单位	上海印钞厂

（二）特点

（1）无水印。

（2）底纹由"中国人民银行""贰佰圆""200"及五角星组成，底纹深浅有区别，是底纹设计最精细的票券之一。

（3）暗记：①正面左上角面额右上角花符网纹中有"人""上"；②行名左侧花符中有"元"；③右上角面额左下角有"八"；④年号上方有"一""八""人"三字；⑤左下角面额上有"百"；⑥右侧面额"圆"字中有"贰"字（少下部的"贝"）；⑦背面左侧面额"贰"字右下角有"毛"；⑧右侧"贰佰"两字间有"土"；⑨右侧面额花符左下角网纹中有"人"；⑩左侧面额花符左下角网纹中有"民"。有的收藏家将此券按暗记不同至少分成8种。

（4）纸张中有红蓝纤维丝，颜色有蓝、棕、褐各色，有深浅区别。

图片鉴赏及暗记位置如下（图2-80、图2-81）。

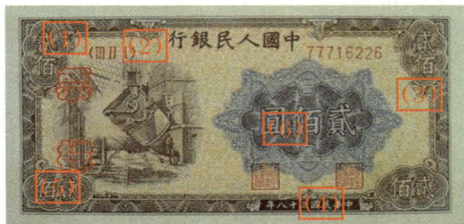

图2-80　第一套人民币200元炼钢正面　　　图2-81　第一套人民币200元炼钢背面

十三、第一套人民币200元长城

（一）基本信息（表2-35）

表2-35 第一套人民币200元长城基本信息

名 称	长城	面 值	200元
发行时间	1949年8月	停用时间	1955年5月10日
票面尺寸	134mm×70mm	字冠号码	三字冠、八号码
正面图案	右侧为长城图景，主色为深紫色	背面图案	花符，主色为深紫色
印刷工艺	胶印二色、四印一色	印刷单位	北京印钞厂

（二）特点

（1）无水印。

（2）底纹由"中国人民银行"和"贰佰圆"组成。

（3）暗记：①正面右下角"贰佰"两字中间有"人"；②左下角"贰佰"两字中间有"民"；③背面行名右侧网纹中有"人"；④行名左侧网纹中有"民"；⑤左侧中间数字"200"右下方花符中有"E"；⑥左下角数字"200"上方小花符内有"百"；⑦右下角数字"200"上方花符内有"贰"（少下部的"贝"）；⑧右侧中间数字"200"左侧有字母"H"。

（4）正面颜色有紫色和偏绿色两种；如暗记不同还可划分多种版别。

图片鉴赏及暗记位置如下（图2-82、图2-83）。

图2-82 第一套人民币200元长城正面

图2-83 第一套人民币200元长城背面

67

十四、第一套人民币200元颐和园

（一）基本信息（表2-36）

表2-36　第一套人民币200元颐和园基本信息

名　　称	颐和园	面　　值	200元
发行时间	1949年3月20日	停用时间	1955年5月10日
票面尺寸	133mm×69mm	字冠号码	三字冠、七号码
正面图案	左侧为颐和园图景，右侧为十七孔桥图景，主色为黄蓝色	背面图案	花符，主色为紫色
印刷工艺	胶印四色	印刷单位	天津人民印刷厂

（二）特点

（1）无水印。

（2）底纹由"中国人民银行"组成，底色有红与黄两种。

（3）暗记：①正面右图左数第五个桥洞下有"北"；②正面右图左数第八个桥洞有"五"；③背面行名中字右上花符上有"共"；④行名行字左上花符中有"民"；⑤中间花符左下角花符中分别有"共"；⑥中间花符右下角花符中有"民"。

图片鉴赏及暗记位置如下（图2-84、图2-85）。

图2-84　第一套人民币200元颐和园正面

图2-85　第一套人民币200元颐和园背面

十五、第一套人民币500元收割机

（一）基本信息（表2-37）

表2-37 第一套人民币500元收割机基本信息

名　　称	收割机	面　　值	500元
发行时间	1949年10月20日	停用时间	1955年5月10日
票面尺寸	134mm×70mm	字冠号码	三字冠、八号码
正面图案	左侧为收割机图，主色为绿色	背面图案	花符，主色为蓝绿色
印刷工艺	胶印五色	印刷单位	上海印钞厂

（二）特点

（1）无水印。

（2）底纹由"中国人民银行""伍佰圆""500"组成，底纹设计精细。

（3）暗记：①正面右上角"伍佰"中间有"自"；②右下角"伍佰"两字间有"力"；③左上角"伍佰"两字间有"更"；④右下角"伍"字右上角有"生"；⑤左下角花符左上方网纹中有"百"；⑥年号右侧花饰中有"005"；⑦背面行名"人民"两字下方有"人"；⑧年号下方有"行"；⑨左侧数字"500"右上角花符内有"生"；⑩左侧数字"500"右下角花符内有"二"；⑪右侧数字"500"左上角花符内有"三"；⑫右侧数字"500"左下角花符内有"一"；⑬中间"佰"字下方花符网纹中有"五"；⑭左侧数字"500"右侧花符内有"5"；⑮中间"佰"字上方网纹中有"上"。

图片鉴赏及暗记位置如下（图2-86、图2-87）。

图2-86 第一套人民币500元收割机正面

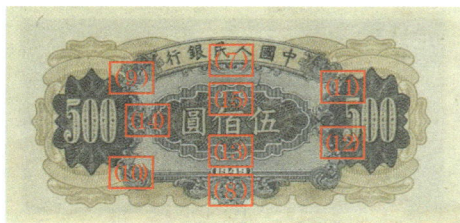

图2-87 第一套人民币500元收割机背面

十六、第一套人民币500元瞻德城

（一）基本信息（表2-38）

表2-38　第一套人民币500元瞻德城基本信息

名　　称	瞻德城	面　　值	500元
发行时间	1951年10月1日	停用时间	1955年5月10日
票面尺寸	134mm×70mm	字冠号码	三字冠、七号码
正面图案	中间为新疆伊犁古城瞻德城图景，主色为紫黑色	背面图案	花符、维文行名和面值，主色为紫色
印刷工艺	胶印四色	印刷单位	北京印钞厂

（二）特点

（1）无水印。

（2）底纹由"中国人民银行"和几何图形组成。

（3）暗记：①正面左下图章右侧有"抗""美""援""朝"；②右下角花符左上方有"中"；③背面中心维文中有"500"。

（4）背面印有维文行名和面值，在新疆地区发行，本券为第一版人民币中新疆四大珍品中第一大珍品，为收藏界公认的第三大珍品（其他两大珍品为10000元牧马和5000元蒙古包），存世极为罕见。

（5）冠字只见"ⅠⅡⅢ"一种。

图片鉴赏及暗记位置如下（图2-88、图2-89）。

图2-88　第一套人民币500元瞻德城正面

图2-89　第一套人民币500元瞻德城背面

十七、第一套人民币500元种地

（一）基本信息（表2-39）

表2-39　第一套人民币500元种地基本信息

名　　称	种地	面　　值	500元
发行时间	1951年4月1日	停用时间	1955年5月10日
票面尺寸	134mm×69mm	字冠号码	三字冠、七号码
正面图案	中间为军农种地图，主色为紫茶色	背面图案	花符，主色为深棕色
印刷工艺	胶印五色	印刷单位	中原印刷厂

（二）特点

（1）无水印。

（2）底纹由"中国人民银行"几何图形组成。

（3）暗记：①正面中间驴腿有"上"；②中间军人后面有"王"；③左下角面额"伍"字上横不连；④背面行名"民"字下有"一"；⑤年号上方有"二"；⑥数字面额中"0"中间的空白处有"5"。

（4）纸张有黄与白之分，颜色也有深与浅之别。浅色白色纸张存世量要少于黄色纸张。

图片鉴赏及暗记位置如下（图2-90、图2-91）。

图2-90　第一套人民币500元种地正面

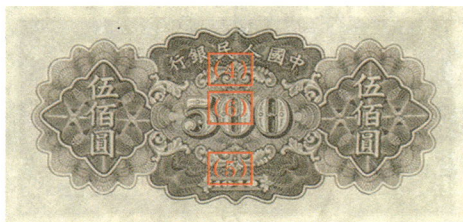

图2-91　第一套人民币500元种地背面

十八、第一套人民币500元起重机

（一）基本信息（表2-40）

表2-40　第一套人民币500元起重机基本信息

名　称	起重机	面　值	500元
发行时间	1949年10月3日	停用时间	1955年5月10日
票面尺寸	134mm×70mm	字冠号码	三字冠、七号码
正面图案	右侧为大型起重机图，主色为浅茶色	背面图案	花符，主色为灰黑色
印刷工艺	胶印五色	印刷单位	北京印钞厂

（二）特点

（1）无水印。

（2）底纹由"伍佰"和横纹组成。

（3）暗记：①正面年号上方"佰"字下有"人"；②年号上方"伍"字下有"民"；③右侧起重机下方有"工"；④背面行名右侧花符中有"人"；⑤行名左侧花符中有"民"；⑥中间面值"伍"字中有"中"。

图片鉴赏及暗记位置如下（图2-92、图2-93）。

图2-92　第一套人民币500元起重机正面

图2-93　第一套人民币500元起重机背面

十九、第一套人民币500元正阳门

（一）基本信息（表2-41）

表2-41　第一套人民币500元正阳门基本信息

名　　称	正阳门	面　　值	500元
发行时间	1949年9月10日	停用时间	1955年5月10日
票面尺寸	134mm×70mm	字冠号码	三字冠、六号码
正面图案	中间为北京正阳门城楼图景，主色为蓝灰色	背面图案	花符，主色为蓝灰色
印刷工艺	胶印五色	印刷单位	东北银行造币厂

（二）特点

（1）有菱花水印，纸质有薄与厚之分，颜色有黄与白之别。

（2）底纹由"伍佰"和曲纹组成。

（3）暗记：①正面行名上方花饰中间有"人"；②右下方总经理图章周围有"F""民""府""政""王"；③背面左侧面值"佰"字中有"伍"；④中心面值右下角花符中有"佰"；⑤行名左下角花符中有"D"；⑥右侧花符"伍"字中有"中"；⑦右下角花符中有"A"。

（4）号码至少有大小字体两种，小字体版别较少。

图片鉴赏及暗记位置如下（图2-94、图2-95）。

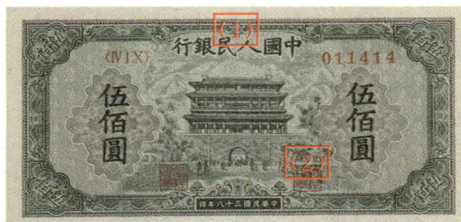

图2-94　第一套人民币500元正阳门正面

图2-95　第一套人民币500元正阳门背面

73

二十、第一套500元农民与小桥

（一）基本信息（表2-42）

表2-42 第一套500元农民与小桥基本信息

名　　称	农民与小桥	面　　值	500元
发行时间	1949年9月10日	停用时间	1955年5月10日
票面尺寸	133mm×70mm	字冠号码	三字冠、七号码
正面图案	左侧为农民上工图，右侧为小桥图，主色为紫茶色	背面图案	花符，主色为蓝绿色
印刷工艺	胶凹印各一色	印刷单位	北京印钞厂

（二）特点

（1）无水印。

（2）无底纹。

（3）暗记：①正面中间面额的左下角有"民"和"0"；②中间面额右下角有"北"；③正面左下角"佰"字右上方有"北"；④右侧的树权上有"解放"两字；⑤背面左上角的"伍"字右、左下角分别有"印""制"；⑥左下角"佰"字的左、右上角分别有"印""制"；⑦左下角"佰"字的中间有"北"；⑧右下角"佰"字的左上角有"平"字；⑨右下角"佰"字的中间、右上角分别有"印""制"；⑩右上角"伍"字右、左下角分别有"印""制"。

图片鉴赏及暗记位置如下（图2-96、图2-97）。

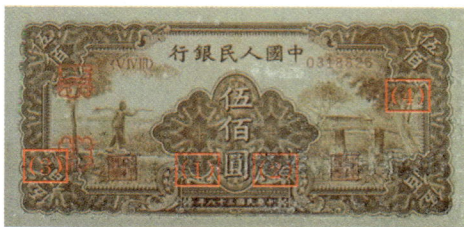

图2-96 第一套500元农民小桥正面

图2-97 第一套500元农民小桥背面

第五节　第一套人民币特征及票样1000—5000元

一、第一套人民币1000元双马耕地（七位号、六位号）

（一）基本信息（表2-43）

表2-43　第一套人民币1000元双马耕地（七位号、六位号）基本信息

名　　称	双马耕地	面　　值	1000元
发行时间	1949年9月11日	停用时间	1955年5月10日
票面尺寸	150mm×62mm	字冠号码	三字冠，六、七号码
正面图案	双马耕地图，主色为灰黑色	背面图案	天坛祈年殿图景，主色为棕色
印刷工艺	胶印三色	印刷单位	东北银行工业处佳木斯印刷厂

（二）特点

（1）首版首批印制，采用东北银行地方流通券所用的菱花水印纸，纸张有白与黄之分。

（2）底纹由"壹仟"和几何图形组成。

（3）背面无行名，无年号，是唯一一枚狭长券，由东北银行设计和印制，行名和面额汉字非董必武提写。

（4）冠字在右，号码在左，且号码有六位和七位之分，号码形体至少有粗壮体大字、粗壮体小字、细瘦体和细长体4种，七位号先发行且较少，细瘦体较少。

（5）这是根据东北地区物价水平所设计印制的票券，因为战争形势的需要、通货膨胀等原因，中国人民银行才将此券发行于市，并且东北银行又重新开印此1000元狭长券，而号码的印制则改为"六位数"，并在东北银行直接印

制冠号、图章，不再送中国人民银行加工印制。

（6）暗记：①正面左上方面额右上方花符边有"B"；②左上方面额左下方花符内有"0"；③左上方面额右下方花符内有"人"；④双马耕地外花符右上方有"民"；⑤面额"壹仟圆"花符右上方有"中"；⑥背面左下方花符内有字母"K"；⑦左侧"仟圆"中间有"仟"；⑧左侧"壹"右侧花符内有"国"；⑨祈年殿坛墙上有"王"；⑩右侧"壹"字右侧花符内有"A"。

图片鉴赏及暗记位置如下（图2-98、图2-99）。

图2-98　第一套人民币1000元双马耕地七位号纸币正面

图2-99　第一套人民币1000元双马耕地七位号纸币背面

二、第一套人民币1000元三台拖拉机

（一）基本信息（表2-44）

表2-44 第一套人民币1000元三台拖拉机基本信息

名　　称	三台拖拉机	面　　值	1000元
发行时间	1949年11月27日	停用时间	1955年5月10日
票面尺寸	140mm×75mm	字冠号码	三字冠、八号码
正面图案	三台拖拉机图，主色为蓝黑色	背面图案	农民割麦图，主色为蓝黑色
印刷工艺	胶四印	印刷单位	上海印钞厂

（二）特点

（1）无水印。

（2）无底纹。

（3）暗记：①正面中心面值右侧花符中间有"工"和"H"；②第二台拖拉机杠上有"三"；③右侧草坪左下角有"工"；④背面农民左脚下方有"民"；⑤农民左右脚中间下方有"上"；⑥农民右脚下方有"北"；⑦农民背后草丛中有"R""C"。

图片鉴赏及暗记位置如下（图2-100、图2-101）。

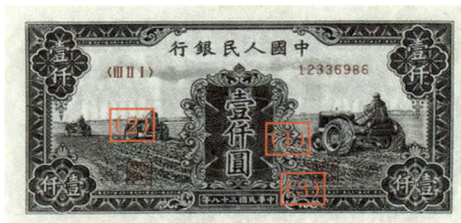

图2-100 第一套人民币1000元三台拖拉机正面

图2-101 第一套人民币1000元三台拖拉机背面

77

三、第一套人民币1000元马饮水

（一）基本信息（表2-45）

表2-45　第一套人民币1000元马饮水基本信息

名　称	马饮水	面　值	1000元
发行时间	1949年11月27日	停用时间	1955年5月10日
票面尺寸	134mm×70mm	字冠号码	三字冠、七号码
正面图案	中间为牧马饮水图，主色为蓝绿色	背面图案	花符、维文行名和面值，主色为茶绿色
印刷工艺	胶印四色	印刷单位	天津人民印刷厂

（二）特点

（1）无水印。

（2）底纹由"中国人民银行"组成。

（3）此券正面图案借用晋察冀边区银行1946年版1000元券正面图案，只是帐篷前的马车边上少画一匹马。

（4）暗记：背面中间维文面值左侧花符中有"1000"。

（5）背面印有维文行名和面值，在新疆地区发行，存世量稀少。

（6）样票只见双张一种：正面、背面均印有红色空心楷体大字"票样"字样和红色七位票样编号（还发现印有7个"0"的，参见王生龙：《沈阳造币厂图志——沈阳造币厂建厂一百零五周年：1896-2001》，沈阳出版社2001年版，第141页）。

图片鉴赏及暗记位置如下（图2-102、图2-103）。

图2-102　第一套人民币1000元马饮水正面

图2-103　第一套人民币1000元马饮水背面

四、第一套人民币1000元钱塘江大桥

（一）基本信息（表2-46）

表2-46 第一套人民币1000元钱塘江大桥基本信息

名　　称	钱塘江大桥	面　　值	1000元
发行时间	1950年1月20日	停用时间	1955年5月10日
票面尺寸	134mm×70mm	字冠号码	三字冠、八号码
正面图案	右侧为钱江大桥和六和塔图景，主色为蓝黑色	背面图案	花符，主色为紫色或红色
印刷工艺	胶印五色	印刷单位	上海印钞厂

（二）特点

（1）有空心星水印和无水印两种。

（2）无底纹，颜色有深浅之分。

（3）纸张中有红蓝纤维。

（4）暗记：①正面右下角树丛中有"人"；②六和塔下亭子上有"H"；③面额"壹仟圆"上方有羊角状图案；④右上角花符内有"千"；⑤左上角"壹仟"下方有"×"；⑥背面右侧数字"1000"第一个"0"和第二个"0"中间有"七"；⑦左侧数字"1000"第一个"0"和第二个"0"中间有"七"。

图片鉴赏及暗记位置如下（图2-104、图2-105）。

图2-104 第一套人民币1000元钱塘江大桥
正面

图2-105 第一套人民币1000元钱塘江大桥
背面

五、第一套人民币1000元推车与耕地

（一）基本信息（表2-47）

表2-47　第一套人民币1000元推车与耕地基本信息

名　　称	推车与耕地	面　　值	1000元
发行时间	1949年12月23日	停用时间	1955年5月10日
票面尺寸	135mm×70mm	字冠号码	三字冠、七号码
正面图案	左侧为工厂和推车图，右侧为双马耕地图，主色为灰紫色	背面图案	中间为轮船图，主色为茶色
印刷工艺	胶印四色	印刷单位	东北银行造币厂

（二）特点

（1）有空心星水印和无水印两种。

（2）底纹由"中国人民银行""壹仟圆""1000"组成。

（3）暗记：①正面行名右上方花符中有"K"；②推车人右侧有"U"；③背面左侧数字"1000"左上方有"文"；④左侧数字"1000"右下方有"力"；⑤右侧数字"1000"左上方有"厂"；⑥右侧数字"1000"右上方有"人"；⑦轮船上有"建设中华人民共和国"。

（4）冠字在右，号码在左。

图片鉴赏及暗记位置如下（图2-106、图2-107）。

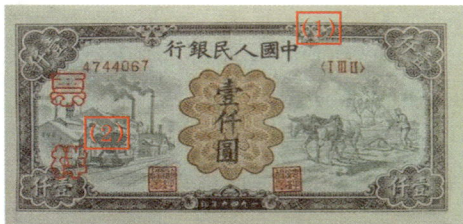

图2-106　第一套人民币1000元推车与耕地正面

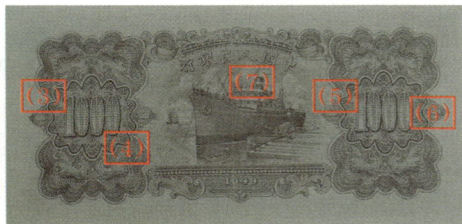

图2-107　第一套人民币1000元推车与耕地背面

六、第一套人民币1000元秋收

（一）基本信息（表2-48）

表2-48　第一套人民币1000元秋收基本信息

名　　称	秋收	面　　值	1000元
发行时间	1949年10月3日	停用时间	1955年5月10日
票面尺寸	134mm×70mm	字冠号码	三字冠、八号码
正面图案	中间为秋收图，主色为黄蓝色	背面图案	花符，主色为蓝色
印刷工艺	胶印五色	印刷单位	北京印钞厂和天津人民印刷厂

（二）特点

（1）无水印。

（2）底纹由"中国人民银行"和花纹组成。

（3）暗记：①正面右上角花符右下网纹中有"中"；②马车左车轮上有"中"；③左下角"仟圆"两字中间有"人民"；④右下角"仟圆"两字中间有"人民"；⑤右上角"仟圆"两字中间有"人"；⑥左上角花符中有"人"；⑦背面右侧边框中间花符内上方有"中"；⑧右边框中间花符内有"国"；⑨年号右侧花符上有"人"；⑩年号左侧花符上有"民"；⑪左边框上有"银"；⑫左边框下有"行"。有的收藏家发现，除上述暗记外，有的票券还新增"西""安"暗记，并称其为"西安版"。

图片鉴赏及暗记位置如下（图2-108、图2-109）。

图2-108　第一套人民币1000元秋收正面

图2-109　第一套人民币1000元秋收背面

七、第一套人民币5000元渭河桥

（一）基本信息（表2-49）

表2-49　第一套人民币5000元渭河桥基本信息

名　　称	渭河桥	面　　值	5000元
发行时间	1953年9月25日	停用时间	1955年5月10日
票面尺寸	140mm×75mm	字冠号码	三字冠、七号码
正面图案	渭河桥图景，主色为紫黄色	背面图案	花符，主色为蓝绿紫套色
印刷工艺	胶印八色	印刷单位	北京印钞厂

（二）特点

（1）无水印。

（2）底纹由花纹组成。

（3）暗记：①正面火车车轮上有"天"；②背面行名两侧的花符和花纹中组成"5000"。

（4）文字和图章从左向右排列。

（5）这是票面年份最晚的票券，也是套色最多的票券。

图片鉴赏及暗记位置如下（图2-110、图2-111）。

图2-110　第一套人民币5000元渭河桥正面

图2-111　第一套人民币5000元渭河桥背面

八、第一套人民币5000元牧羊

（一）基本信息（表2-50）

表2-50　第一套人民币5000元牧羊基本信息

名　　称	牧羊	面　　值	5000元
发行时间	1951年10月1日	停用时间	1955年5月10日
票面尺寸	140mm×75mm	字冠号码	三字冠、七号码
正面图案	牧羊图，主色为紫色	背面图案	花符、维文行名和面值，主色为绿色
印刷工艺	胶印五色	印刷单位	北京印钞厂

（二）特点

（1）无水印。

（2）底纹由"中国人民银行""伍仟圆"组成。

（3）暗记：①正面右图树下有"人"；②背面中央花符内有"C""N""X"。

（4）背面印有维文行名和面值、在新疆地区发行，存世量稀少。

图片鉴赏及暗记位置如下（图2-112、图2-113）。

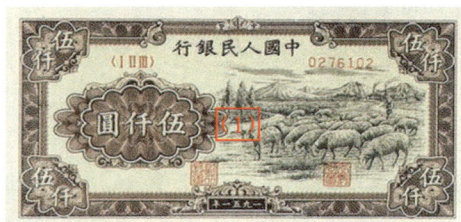

图2-112　第一套人民币5000元牧羊正面

图2-113　第一套人民币5000元牧羊背面

九、第一套人民币5000元蒙古包

（一）基本信息（表2-51）

表2-51　第一套人民币5000元蒙古包基本信息

名　　称	蒙古包	面　　值	5000元
发行时间	1951年5月17日	停用时间	1955年5月10日
票面尺寸	140mm×74mm	字冠号码	三字冠、七号码
正面图案	右侧为蒙古包和骆驼图，主色为绿色	背面图案	花符、蒙文行名和面值，主色为蓝色
印刷工艺	胶印四色、凹印一色	印刷单位	北京印钞厂

（二）特点

（1）无水印。

（2）底纹由曲纹组成。

（3）暗记：①正面蒙古包上方有"蒙古"；②背面中心蒙文中有"人"和"5000"。

（4）背面印有蒙文行名和面值，在内蒙古地区发行，被收藏界公认为第二大珍品。

（5）冠字只见"ⅠⅡⅢ"一种。

图片鉴赏及暗记位置如下（图2-114、图2-115）。

图2-114　第一套人民币5000元蒙古包正面

图2-115　第一套人民币5000元蒙古包背面

十、第一套人民币5000元耕地与工厂

（一）基本信息（表2-52）

表2-52　第一套人民币5000元耕地与工厂基本信息

名　　称	耕地与工厂	面　　值	5000元
发行时间	1950年1月20日	停用时间	1955年5月10日
票面尺寸	140mm×75mm	字冠号码	三字冠、八号码
正面图案	左侧为三台拖拉机耕地图，右侧为工厂图，主色为深蓝色	背面图案	花球，主色为黄色
印刷工艺	凹印一色、胶印一色	印刷单位	上海印钞厂

（二）特点

（1）有菱花水印。

（2）底纹由曲纹组成。

（3）暗记：①正面右图四层楼左树丛中有"5"；②背面行名下面中间有五角星图案。

（4）样票只发现双张一种：正面、背面均印有红色双线美术大字"票样"字样，无编号。

图片鉴赏及暗记位置如下（图2-116、图2-117）。

图2-116　第一套人民币5000元耕地与工厂
正面

图2-117　第一套人民币5000元耕地与工厂
背面

十一、第一套人民币5000元耕地机

（一）基本信息（表2-53）

表2-53 第一套人民币5000元耕地机基本信息

名　　称	耕地机	面　　值	5000元
发行时间	1950年1月20日	停用时间	1955年5月10日
票面尺寸	140mm×75mm	字冠号码	三字冠、七号码
正面图案	图中一台耕地机在作业，主色为蓝绿色	背面图案	花符，主色为绿色，俗称"单拖券"，以区别于5000元耕地工厂票券
印刷工艺	凹凸印各一色、胶印一色	印刷单位	北京印钞厂

（二）特点

（1）有菱花水印。

（2）底纹由"中国人民银行"和"伍仟圆"组成。

（3）暗记：①背面右侧面值上部有"W"；②背面左侧面值上部有"W"。

（4）本券如今在市场上俗称"单拖"，以区别于1000元券的三台拖拉机图案。

图片鉴赏及暗记位置如下（图2-118、图2-119）。

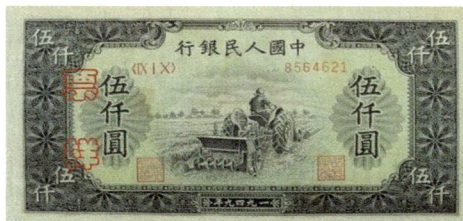

图2-118 第一套人民币5000元耕地机正面

图2-119 第一套人民币5000元耕地机背面

第六节 第一套人民币特征及票样10000—50000元

一、第一套人民币10000元骆驼队

（一）基本信息（表2-54）

表2-54 第一套人民币10000元骆驼队基本信息

名　称	骆驼队	面　值	10000元
发行时间	1951年10月1日	停用时间	1955年4月1日
票面尺寸	140mm×75mm	字冠号码	三字冠、七号码
正面图案	中间为骆驼队图，主色为紫红色	背面图案	花符、维文行名和面值，主色为红色
印刷工艺	胶印五色	印刷单位	上海印钞厂

（二）特点

（1）无水印。

（2）底纹由"中国人民银行""壹萬圆"和几何图形组成。

（3）暗记：①正面左下角"壹"的写法为"离点壹"；②右下角"萬"为"开口萬"；③背面维文行名右侧花符中有"民"。

（4）背面印有维文行名和面值，在新疆地区发行，存世量稀少。

图片鉴赏及暗记位置如下（图2-120、图2-121）。

图2-120 第一套人民币10000元骆驼队正面　　图2-121 第一套人民币10000元骆驼队背面

二、第一套人民币10000元牧马图

（一）基本信息（表2-55）

表2-55　第一套人民币10000元牧马图基本信息

名　称	牧马	面　值	10000元
发行时间	1951年5月17日	停用时间	1955年4月1日
票面尺寸	140mm×76mm	字冠号码	三字冠、七号码
正面图案	左侧为牧马图，主色为紫色	背面图案	花符、蒙文行名和面值，主色为茶色
印刷工艺	胶印五色	印刷单位	北京印钞厂

（二）特点

（1）无水印。

（2）底纹由网纹组成。

（3）暗记：正面右下角花符上方有"工"。

（4）背面印有蒙文行名和面值，在内蒙古地区发行，被收藏界公认为第一大珍品，中国台湾收藏家称其为"票王"。具有关藏家统计，现存世量不超过70张，且品相九成以上者凤毛麟角。

（5）冠字只见"ⅠⅡⅢ"一种。

图片鉴赏及暗记位置如下（图2-122、图2-123）。

图2-122　第一套人民币10000元牧马图正面

图2-123　第一套人民币10000元牧马图背面

88

三、第一套人民币10000元双马耕地

（一）基本信息（表2-56）

表2-56　第一套人民币10000元双马耕地基本信息

名　　称	双马耕地	面　　值	10000元
发行时间	1951年1月20日	停用时间	1955年4月1日
票面尺寸	140mm×75mm	字冠号码	三字冠、八号码
正面图案	耕地图，主色为黄棕色	背面图案	放牧图，主色为茶绿色
印刷工艺	凸印一色、胶印一色	印刷单位	上海印钞厂

（二）特点

（1）本券印刷用纸有菱花满版水印、实心星水印、无水印纸三种，纸色有黄与白之分，其中实心星水印版别略少。

（2）底纹由"中国人民银行"和曲纹组成。

（3）暗记：正面年号右上方近马头前面地上有"萬"和"圆"。

图片鉴赏及暗记位置如下（图2-124、图2-125）。

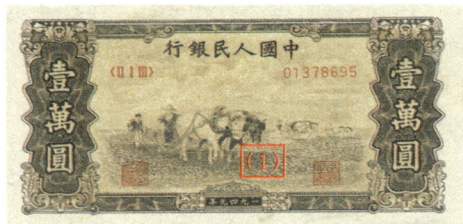

图2-124　第一套人民币10000元双马耕地正面

图2-125　第一套人民币10000元双马耕地背面

四、第一套人民币10000元军舰

（一）基本信息（表2-57）

表2-57　第一套人民币10000元军舰基本信息

名　　称	军舰	面　　值	10000元
发行时间	1950年1月20日	停用时间	1955年4月1日
票面尺寸	140mm×75mm	字冠号码	三字冠、八号码
正面图案	中间为军舰图，主色为黄绿色	背面图案	花符，主色为茶色
印刷工艺	凹凸印各一色、胶印一色	印刷单位	北京印钞厂

（二）特点

（1）有菱花版水印、实心星水印、无水印三种。纸张为白色。

（2）底纹由"中国人民银行"和"壹萬圓"组成。

（3）背面可分为茶色和橘红色，橘红色很少。

（4）暗记：①正面行名左侧花饰中有"四"；②行名右侧花饰中有"九"；③年号左侧花符中有"万"；④年号右侧花符中有"X"。

（5）本券流通量大，今在市场上亦常见，且有不少国民党当年战败后为扰乱大陆金融市场而印刷的"老假票"存世，"老假票"印刷精美，但是纸张相对劣质。

图片鉴赏及暗记位置如下（图2-126、图2-127）。

图2-126　第一套人民币10000元军舰正面　　图2-127　第一套人民币10000元军舰背面

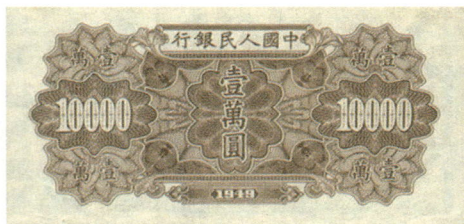

五、第一套人民币50000元收割机

（一）基本信息（表2-58）

表2-58　第一套人民币50000元收割机基本信息

名　　称	收割机	面　　值	50000元
发行时间	1953年12月	停用时间	1955年4月1日
票面尺寸	140mm×75mm	字冠号码	三字冠、八号码
正面图案	左侧为收割机图，主色为绿色	背面图案	中间为生产图，主色为棕色
印刷工艺	胶印二色、双面凹印二色	印刷单位	上海印钞厂

（二）特点

（1）有菱花水印。

（2）无底纹。

（3）暗记：正面行名左侧花符上有"C"。

（4）本券是最大面额票券之一，也是发行时间最晚、流通时间最短的票券之一，本券存世量稀少，是第一版人民币中的热门收藏品种。

（5）本券号码8位数是用两组号码印刷而成的，因而数字排列不整齐，前后数字有大小之分。

图片鉴赏及暗记位置如下（图2-128、图2-129）。

图2-128　第一套人民币50000元收割机正面

图2-129　第一套人民币50000元收割机背面

六、第一套人民币50000元新华门

（一）基本信息（表2-59）

表2-59　第一套人民币50000元新华门基本信息

名　　称	新华门	面　　值	50000元
发行时间	1953年12月	停用时间	1955年4月1日
票面尺寸	140mm×75mm	字冠号码	三字冠、七号码
正面图案	右侧为新华门图景，主色为蓝绿色	背面图案	中间为拖拉机图，主色为绿色
印刷工艺	凹印二色、胶印二色	印刷单位	北京印钞厂

（二）特点

（1）有菱花水印。

（2）无底纹。

（3）暗记：①正面左侧大花符左下花符间有"人民"两字；②新华门中间二层有"新华门"字样；③新华门中间一层有"中央人民政府"字样；④新华门石狮下有"人""工"两字；⑤新华门右下草丛中有"民"字；⑥右下角万字上有"中"字；⑦背面中心拖拉机左下方有"民"字；⑧行名左下角花符中有数字"5"。

（4）本券是最大面额票券之一，较为珍稀；也是发行时间最晚、流通时间最短的票券之一。

图片鉴赏及暗记位置如下（图2-130、图2-131）。

图2-130　第一套人民币50000元新华门正面

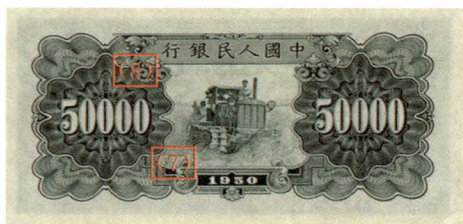

图2-131　第一套人民币50000元新华门背面

第三章 第二套人民币解读

1955年3月1日，中国人民银行发行第二套人民币，共有主辅币11种面额，13个品种，16种版别（图3-1）。第二套人民币和第一套人民币折合比率为1∶10000。

1964年5月15日，第二套人民币退出流通，流通年数为9年。

第二套人民币主景图案集中体现了中华人民共和国社会主义建设的风貌，表现了中

图3-1 第二套人民币

国共产党革命的战斗历程和各族人民大团结的主题思想。在印制工艺上，除了分币外，其他券别全部采用胶凹套印。凹印版是以我国传统的手工雕刻方法制作的，具有独特的民族风格，其优点是版纹深、墨层厚，有较好的反假防伪功能。由于大面额钞票对印制技术要求很高，在当时技术有限的情况下，3元、5元和10元由苏联代印。

第一节 第二套人民币概述

一、第二套人民币的发行历史背景

1955年2月21日，国务院发布关于发行第二套人民币和收回第一套人民币的命令。命令指出：为适应国家计划经济建设的需要和广大人民的愿望，在财政收支平衡和金融物价稳定的基础上，进一步健全和巩固我国的货币制度，以便利交易和核算，决定由中国人民银行自1955年3月1日起发行新币（第二套人民币），收回旧币（第一套人民币）。公布发行的第二套人民币共11种，每种券别版面均印有汉、藏、蒙、维吾尔四种文字。1957年11月19日，国务院发布《关于发行金属分币的命令》，决定自1957年12月1日起，发行1分、2分、5分三种硬分币。这是人民币硬币发行的开端。

第二套人民币的发行，一方面是取代了第一套人民币，起到稳定市场、方便交换的作用；另一方面是为了建立中华人民共和国第一个完整的货币体系，通过主辅币制度，完善金融体系。

二、第二套人民币的特点

（1）**第二套人民币设计主题思想明确**。①分票以工业、交通为主题；②角票反映农业机械化，搞好生产、建设工业的场面，体现了中国社会主义建设的新风貌；③1元券、2元券、3元券分别采用北京天安门、延安宝塔山、井冈山龙源口图景，表现了中国共产党革命的战斗历程；④5元券和10元券则体现了各族人民大团结和工农联盟的主题思想。

（2）**第二套人民币的钞票式样打破了原有的固定的四边框形式**。钞票式样采用左右花纹对称的新规格，票面尺幅按面额大小分档次递增，整个图案、花边、花纹线条鲜明、精密、美观、活泼。

（3）**第二套人民币除分币外，其他面额人民币全部采用胶凹印刷，10元券还采用了当时先进的接线技术**。这套人民币的凹印版是以我国传统的手工雕刻方法制作的，其优点是版纹深、墨层厚，有较好的防伪反假功能，具有浓郁的民族风格。

（4）**第二套人民币出现了四种文字**。除汉字外，第二套人民币还以藏、蒙、维吾尔三种少数民族文字书写"中国人民银行"和各种面额字样，且书写者均为各族著名人士，便于在少数民族地区流通使用。

（5）**第二套人民币共发行了11种面额**，分别是纸币1分、2分、5分、1角、2角、5角、1元、2元、3元、5元、10元，硬币1分、2分、5分。由于后来对1元券和5元券的图案、花纹进行了调整和更换颜色，第二套人民币的版别由开始公布的11种增加到16种，即1分券（币）2种、2分券（币）2种、5分券（币）2种、1角券1种、2角券1种、5角券1种、1元券2种、2元券1种、3元券1种、5元券2种、10元券1种。这套人民币的面额结构较为合理，是未来各套人民币结构体系的基础。

三、第二套人民币中的特殊版别

1.纸分币

纸分币有两个版别，收藏价值不一样。第一种是俗称"长号版"的1953年老版，罗马字母后有一排阿拉伯数字编号；第二种俗称"无码版"，1981年中国人民银行责成各印钞厂重新印制发行1953年版的小额分币，共1分、2分、5分三种。为区别"五三版"分币，新币在编号上仅保留罗马字冠，删除了阿拉伯数字。由于没有阿拉伯数字编号，因此该套分币的印制就采取以罗马数字为序的方式。一个序号印制1000万张。其中1分币有三罗马序号231个、二罗马序号89个，2分币有三罗马序号129个，5分币有三罗马序号64个，共513种。总计发行量高达51.3亿张。2分币两种版别的对比如下（图3-2、图3-3）。

图3-2　"长号版"的1953年老版的2分币票样正面　　图3-3　"无号版"的1981年重印的2分币票样正面

2.苏三币

苏三币（3元、5元、10元）是我国委托苏联印刷的纸币。后来由于中苏关系恶化，为防止"真版假币"，中国人民银行于1964年4月15日起限期一个月收回。苏三币（3元、5元、10元）的正面、背面如下（图3-4至3-9）。

图3-4　苏三币之一的3元券正面

图3-5　苏三币之一的3元券背面

图3-6　苏三币之一的5元券正面

图3-7　苏三币之一的5元券背面

图3-8　苏三币之一的10元券正面

图3-9　苏三币之一的10元券背面

3.1953年版3元币

1953年版3元币是中国钞币史上唯一的一套3元面值的人民币，于1964年5月15日停止收兑和流通使用。

3元纸币呈淡绿色，正面的两端各有"叁圆"字样，票面下方标示"1953年"，正上方为"中国人民银行"，中间的图案为井冈山龙源口石桥。

由于其在短暂的流通后便被马上收回，导致还在流通范围内的3元券数量急剧减少，尤其是全品相的票，市面上所见极少，加上其特殊的历史背景，收藏价值极高。2016年11月15日，北京诚轩拍卖公司在北京昆仑饭店举行的秋季拍卖会上，拍出一张全新3元券，成交价高达101200元。

4.“红1元”和“黑1元”：同一面值，两种版别

第二版人民币中出现了同一面值两种版别的现象，它们被称为“红1元”和“黑1元”，这种同值不同色的奇特现象在所有人民币印制中虽不能称“空前”，但可能“绝后”了。在它出现之前，有同样现象的是第一版人民币中的“红、蓝火车大桥50元券”和“黄、蓝北海100元券”。

“红1元”于1955年3月1日发行，由于“红1元”在老百姓手中磨损比较严重，容易褪色。1961年3月25日，中国人民银行又发行了“黑1元”。“红1元”与“黑1元”在制版难度上相差无几，均采用手工雕刻与机雕相结合。从印制上，“红1元”的印制难度远高于“黑1元”，主要表现为底纹的印制难度和工艺的复杂性较高，以及红色凹版油墨的使用。“红1元”天安门四周的黄色放射式线纹以及左右两边的放射式淡绿色带状条纹，这样的底纹设计可谓独具匠心，霞光万道的天安门熠熠生辉，雄伟壮观的景象跃然纸上，而且整张纸币采用象征胜利的红色基调，更显纸钞的美观。另外，红、黑1元券票面图案除四周团花图案差异外，最重要的要数天安门上的两处变化：一处是“红1元”天安门城楼上悬挂了八盏灯笼，在“黑1元”上被“摘掉”了，第二处是“红1元”城楼上没有悬挂标语，而“黑1元”上悬挂了两条著名的标语：“中华人民共和国万岁！”“世界人民大团结万岁！”

四、第二套人民币的设计特征

第二套人民币消除了第一套人民币特有的战时货币痕迹，它的设计和印制具有明显的时代特征。辅币主景采用汽车、飞机、轮船、拖拉机、火车、水电站等生产和交通运输工具及能源设施。主币1元券和3元券采用北京天安门、延安宝塔山、井冈山龙源口三个革命圣地图景。5元券、10元券采用民族大团结和工农联盟图景，表现了社会主义建设新面貌、中国革命的历程和全国各族人民的大团结。票面图案活泼大方，正面花边上下对称，背面左右花符对称，一改中国传统纸币呆板的四边框形式。

主色调券别配置、票种间有明显区别。票面规格按面额大小的辅币与主币分档，券别与券别递增。在印刷技术上也有所区别，3种分币采用胶版印刷，角币、圆币采用胶凹套印，10元券还运用了当时先进的接线技术。

第二节　第二套人民币背后的故事

故事一：发行3元券和收回1953年版3元、5元和10元券的详情

自人民币发行以来，其面额均以"一""二""五"开头，可是，1953年3月发行第二套人民币时，出现了3元券。这是出于当时敌对斗争的需要。当时中华人民共和国成立不久，蒋介石一直准备反攻大陆，两岸关系比较紧张，而中国的香港地区和澳门地区当时还在英国和葡萄牙的控制之下。蒋介石在美国的技术帮助下，印制假人民币，空投或者经港澳地区走私到内地，以破坏人民币的信用。

为了减少假票的影响与损失，国务院决定在新币发行时暂不发行5元以上的大票。但是，只发行1元券又太小，对国内流通造成影响。所以，国务院决定增加发行3元券人民币，以调节流通领域。

后来，随着两岸关系的逐步改善，少量人民币也可以出境，3元券人民币也就完成了历史使命，被收回了。

1964年4月14日，中国人民银行发布《关于限期收回三种人民币票券的通告》，限期收回的三种人民币都是1953年版的，分别为黑色、工农图景的10元券，绛紫色、各民族大团结图景的5元券，深绿色、井冈山图景的3元券。收回1953年版的这三种人民币，其实是为了防止人民币的信用遭到意外破坏。解放初期，中苏两国的关系是很好的，也就是通常所说的"蜜月期"。那时候，苏联是热情支持和援助我国建设的。在准备印制新人民币之时，为了使新币印制精美，防止假票和维护人民币信用，中央决定，1元及以下的辅币在国内印制，5元、10元、50元和100元票券委托苏联代为印制。后来，国家从实际情况出发，撤销了让苏联代印50元、100元票券的决定。这样，在苏联印制的只有3元、5元和10元票券。这三种票券的票版和印刷资料也就留在了苏联。20世纪60年代初，中苏两国关系恶化，无法收回这些票版和印刷资料。为了防止意外，维护人民币的信用，国务院决定，把由苏联代印的这三种票券收回。

故事二：第二版人民币修改真相

第二套人民币的设计得到了毛泽东、周恩来、邓小平、陈云、李先念等中央领导同志极大的重视和关怀，尤其是周总理，提出了许多宝贵意见。该套人民币的初步设计方案于1950年1月上报中共中央，同年5月，中央原则批准。陈云批示："此事应该准备，但仅仅是准备，不能草率。必须讲究纸质之统一、图案之适当、颜色之配备、秘密符号之拟制……此外，票面尺寸、票额大小，均须慎重研究才能决定。"1951年2月，中国人民银行再次上报了人民币的设计、印刷方案。

周恩来亲自审核了该方案及每一个票版的画稿，传达了毛主席的指示，即人民币上不要印毛主席的像、"中国人民银行"行名排列应将从右向左改为从左向右的顺序排列，并提出了许多重要修改意见，如1分券的原主景设计中，汽车是我国装配的美式汽车图样，建议"还是改一下为好，免得外人误会"；2角券上毛泽东号机车头上有毛主席像，建议改为五角星；1元券原设计稿主景为天安门，有红旗、彩灯及毛主席像，批示将红旗、彩灯和墙上挂像去掉；2元券原设计稿为金黄色，与其他主币色调很不协调，且1元券与2元券之间的色样"在广大劳动群众的习惯上易于混淆"，建议改为蓝色；5元券的主景"民族大团结"，原设计稿为群像中有人高举毛主席的画像，周恩来指出："民族大团结的主景可用，但根据毛主席的意见不要把他的像画上"，后换为两幅语录牌，周恩来定为"中华人民共和国万岁"及"世界人民大团结万岁"；对10元券，周恩来指出原设计的工农兵主景中的农妇"年纪太苍老，要画得健康一些"，"战士的形象不够英勇，手中拿的还是美式卡宾枪，不恰当"，要求重新修改完善。中央领导人的极大关怀和明确指示，为完成这套人民币的设计与印刷任务打下了坚实的基础。这套人民币发行后，人民群众热烈称赞新币好看、好认、好算、好使。

故事三："红1元"上8个宫灯的故事

1949年9月，中共中央把准备进行开国大典的天安门城楼的布置工作交给了华北军区，军区又把这个任务下达给军区文工团舞美队。当时负责舞台美术工作的日本籍队员小野和森茂都是1945年加入中国人民解放军的，两人曾在晋察冀军区政治部抗敌剧社工作，先后为剧社演出设计了《子弟兵和老百姓》《战斗里成长》等剧的布景，受到了军内外领导群众的赞誉。这次，他俩又与其他创作人员一起，投入紧张的设计创作工作。他们很快绘出几幅不同样式的草图，经过精心筛选，最后把设计有大宫灯而大家又最满意的一幅草图，呈送周恩来同志审批。很快，草图批准了。随后军区请来做宫灯的老艺人，在天安门城楼上与小野、森茂共同制作，"十一"前夕，宫灯终于制作完成，为中华人民共和国的成立大典增添了绚丽的光彩。然而，在1994年国庆45周年之际，天安门上的8个宫灯换成了8个新宫灯，这说明伴随共和国走过45个春秋且颇有"政治身份"的8个宫灯从此"退役"。据悉，"退役"的8个宫灯中，有两个由天安门管理处与中国嘉德国际拍卖有限公司达成协议，向社会拍卖，在1995年2月19日的拍卖会上，以1380万元人民币的价格被宁波慈惠农业有限公司购得，其余6个由天安门管理处和国家博物馆收藏。

故事四：第二套人民币的收藏价值——"海鸥"飞过，舍我其谁！

第二套人民币纸币是目前收藏的热点，具有较好的防伪功能，容易识别，印制精美，适合大众收藏与投资。其中，海鸥水印券是收藏第二套人民币大全套不可或缺的品种。

第二套人民币钞票共有三个品种的水印钞票纸：1角、2角、5角、1元、5元（1956年版一）券为空心五角星满版水印纸；2元、3元、5元券（1953年版和1956年版二）为实心五角星花纹混合满版水印纸；10元券为中华人民共和国国徽图案固定水印纸。其中，5角券有空心五角星满版水印和无水印两种钞纸，1956年版深棕色5元券有空心五角星满版水印和实心五角星花纹混合满版水印两种水印，也称"梅花孕星水印"，是纸币内类似梅花的花纹内有一颗实心五角星满版水印图案，在纸币的边沿可见到不完整的梅花花瓣，极像随意勾勒出的海鸥图案，所以人们习惯称之为"海鸥水印"。

第二套人民币"海鸥水印"票券共有2元、3元、1953年版5元和1956年5元券四种，其中2元券市场表现尚不瘟不火。3元券和1953年版5元券就是俗称

"苏三版"中的两枚。这两枚有着"海鸥水印"的票券显得尤其珍贵。2018年，单枚全品市场价已经超过1万元。其中，具有"海鸥水印"的1956年版5元券，2005年初市场价为400元左右，到了2018年，九品1956年海鸥水印5元券猛增至1.3万元左右，上涨势头极其凶猛，价格直逼"苏三版"，是收藏第二套人民币大全套不可或缺的品种。 可以说，随着第二套人民币收藏市场的逐步升温，"海鸥"飞处彩云飞，价格进一步上涨是必然的趋势。"海鸥"飞过，舍我其谁!

第三节　第二套人民币特征及票样——分

一、第二套人民币1953年1分汽车长号码

（一）基本信息（表3-1）

表3-1　第二套人民币1953年1分汽车长号码基本信息

名　　称	1953年汽车长号码	面　　值	1分
发行时间	1955年3月1日	停用时间	2007年4月1日
票面尺寸	90mm×42.5mm	字冠号码	三字冠、七号码；20世纪80年代始发行二冠字、三冠字，均无号码
正面图案	右侧为卡车图，主色为米黄色	背面图案	花符、国徽及汉、蒙、维、藏文字，主色为茶色、米黄色
印刷工艺	胶印四色	印刷单位	天津印钞厂

（二）特点

（1）无水印。

（2）三位罗马冠字，七位阿拉伯数字号码，俗称"长号券"。

图片鉴赏如下（图3-10、图3-11）。

图3-10　第二套人民币1953年1分汽车长号码正面

图3-11　第二套人民币1953年1分汽车长号码背面

二、第二套人民币1953年2分飞机长号码

（一）基本信息（表3-2）

表3-2　第二套人民币1953年2分飞机长号码基本信息

名　　称	1953年飞机长号码	面　　值	2分
发行时间	1955年3月1日	停用时间	2007年4月1日
票面尺寸	95mm×45mm	字冠号码	三字冠、七号码；20世纪80年代始发行二冠字、三冠字，均无号码
正面图案	右侧为飞机图，主色为浅蓝色	背面图案	花符、国徽及汉、蒙、维、藏文字，主色为蓝色
印刷工艺	胶印四色	印刷单位	西安印钞厂

（二）特点

（1）无水印。

（2）三位罗马冠字，七位阿拉伯数字号码，俗称"长号券"。

（3）暗记：①正面飞机头上有一白点；②下方横符最左侧花符中有"日"字；③下方横符最右侧花符中有"中"字；④背面右侧藏文下有中国共产党党徽图案；⑤行名中字左方有倒斜的"古"字。

图片鉴赏及暗记位置如下（图3-12、图3-13）。

图3-12　第二套人民币1953年2分飞机长号码正面

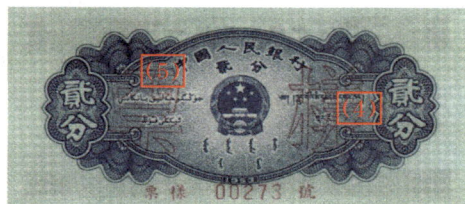

图3-13　第二套人民币1953年2分飞机长号码背面

三、第二套人民币1953年5分轮船长号码

（一）基本信息（表3-3）

表3-3　第二套人民币1953年5分轮船长号码基本信息

名　　称	1953年轮船长号码	面　　值	5分
发行时间	1955年3月1日	停用时间	2007年4月1日
票面尺寸	100mm×47.5mm	字冠号码	三字冠、七号码；20世纪80年代始发行二冠字、三冠字，均无号码
正面图案	右侧为轮船图，主色为浅翠绿色	背面图案	花符、国徽及汉、蒙、维、藏文字，主色为墨绿色
印刷工艺	胶印五色	印刷单位	上海造币厂

（二）特点

（1）无水印。

（2）三位罗马冠字，七位阿拉伯数字号码，俗称"长号券"。

（3）暗记：正面轮船尾部有"P""H"。

图片鉴赏及暗记位置如下（图3-14、图3-15）。

图3-14　第二套人民币1953年5分轮船长号码正面

图3-15　第二套人民币1953年5分轮船长号码背面

第四节　第二套人民币特征及票样——角

一、第二套人民币1953年1角拖拉机

（一）基本信息（表3-4）

表3-4　第二套人民币1953年1角拖拉机基本信息

名　　称	1953年拖拉机	面　　值	1角
发行时间	1955年3月1日	停用时间	1967年12月15日起只收不付
票面尺寸	115mm×52.5mm	字冠号码	三字冠、七号码
正面图案	左侧为拖拉机图，主色为棕黄色	背面图案	花符、国徽及汉、蒙、维、藏文字，主色为棕绿色
印刷工艺	胶印六色、四印一色	印刷单位	北京印钞厂

（二）特点

（1）有无水印和空心五角星水印两种。

（2）暗记：①正面拖拉机前有"工"；②拖拉机头下方有"中"；③拖拉机后边有"工"。

图片鉴赏及暗记位置如下（图3-16、图3-17）。

图3-16　第二套人民币1953年1角拖拉机正面　　图3-17　第二套人民币1953年1角拖拉机背面

二、第二套人民币1953年2角火车

（一）基本信息（表3-5）

表3-5　第二套人民币1953年2角火车基本信息

名　　称	1953年火车	面　　值	2角
发行时间	1955年3月1日	停用时间	1971年12月15日起只收不付
票面尺寸	120mm×55mm	字冠号码	三字冠、七号码
正面图案	左侧为火车图，主色为绿色	背面图案	花符、国徽及汉、蒙、维、藏文字，主色为茶色、浅紫粉色
印刷工艺	胶印四色、凹印一色	印刷单位	上海印钞厂

（二）特点

（1）有无水印和空心五角星水印两种。

（2）暗记：①正面火车头左边铁架上有两个"B"；②火车头左边铁架下有"a"和"6"；③火车头右上方有"B"；④火车头中部有"L"；⑤火车头右下有"5"；⑥右侧花符上方有"中"；⑦背面左上方花符内有字母"O"；⑧年份左上方花符内有"5"；⑨中心花符右下方有字母"O"。

图片鉴赏及暗记位置如下（图3-18、图3-19）。

图3-18　第二套人民币1953年2角火车正面

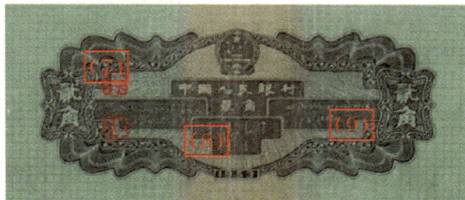

图3-19　第二套人民币1953年2角火车背面

三、第二套人民币5角水电站

（一）基本信息（表3-6）

表3-6　第二套人民币5角水电站基本信息

名　　称	水电站	面　　值	5角
发行时间	1955年3月1日	停用时间	1999年1月1日
票面尺寸	125mm×57.5mm	字冠号码	三字冠、七号码
正面图案	左侧为小丰满水电站图，主色为紫色	背面图案	花符、国徽及汉、蒙、维、藏文字，主色为紫黄色
印刷工艺	胶印七色、凹印一色	印刷单位	北京印钞厂

（二）特点

（1）有无水印和空心五角星水印两种。水印颜色较深，数量稀少。

（2）未发现暗记。

（3）是第二套人民币中存世最多的票券。

（4）近年来市场上出现了一种正面为红色的五角券，价格略高于普通券，是人为用化学方法改制而成的。

图片鉴赏如下（图3-20、图3-21）。

图3-20　第二套人民币5角水电站空心五角星水印正面

图3-21　第二套人民币5角水电站空心五角星水印背面

第五节　第二套人民币特征及票样——元

一、第二套人民币1元天安门（红1元）

（一）基本信息（表3-7）

表3-7　第二套人民币1元天安门（红1元）基本信息

名　　称	天安门（红1元）	面　　值	1元
发行时间	1955年3月1日	停用时间	1973年8月15日
票面尺寸	150mm×67.5mm	字冠号码	三字冠、七号码
正面图案	天安门图景，主色为红色	背面图案	花符、国徽及汉、蒙、维、藏文字，主色为红黄色
印刷工艺	胶印四色、凹印一色	印刷单位	北京印钞厂

（二）特点

（1）空心五角星水印。

（2）天安门上设计有8个宫灯。

（3）暗记：①正面行长章左下角有"中"；②右下角面值数字"1"右上角有"工"。

图片鉴赏及暗记位置如下（图3-22、图3-23）。

图3-22　第二套人民币1元天安门（红1元）
正面

图3-23　第二套人民币1元天安门（红1元）
背面

二、第二套人民币1元天安门（黑1元）

（一）基本信息（表3-8）

表3-8　第二套人民币1元天安门（黑1元）基本信息

名　称	天安门（黑1元）	面　值	1元
发行时间	1961年3月25日	停用时间	1973年8月15日
票面尺寸	150mm×67.5mm	字冠号码	三字冠、七号码
正面图案	天安门图景，主色为蓝黑色	背面图案	花符、国徽及汉、蒙、维、藏文字，主色为蓝黑色
印刷工艺	胶印八色、四印一色	印刷单位	北京印钞厂

（二）特点

（1）空心五角星水印。

（2）天安门上8个宫灯换成了两条标语口号，正背面花纹也进行了修改。

（3）年版号改成"1956"。

（4）未发现暗记。

图片鉴赏如下（图3-24、图3-25）。

图3-24　第二套人民币1元天安门（黑1元）正面

图3-25　第二套人民币1元天安门（黑1元）背面

三、第二套人民币2元宝塔山

（一）基本信息（表3-9）

表3-9　第二套人民币2元宝塔山基本信息

名　　称	宝塔山	面　　值	2元
发行时间	1955年3月1日	停用时间	1976年12月
票面尺寸	155mm×70mm	字冠号码	三字冠、七号码
正面图案	图中为延安宝塔山，是革命圣地延安的重要标志和象征，主色为蓝色	背面图案	花符、国徽及汉、蒙、维、藏文字，主色为蓝黄色
印刷工艺	胶印四色、凹印二色	印刷单位	上海印钞厂

（二）特点

（1）实心五角星花纹混合水印。

（2）暗记：①正面行名左下有"3"；②副经理章顶部有字母"Z"；③总经理章左边有"七"字；④山脚下湖水中有"中"字；⑤宝塔山下左侧中部有字母"B"；⑥背面行名的"中"字的左上框内有"人"字；⑦少数民族字第二行左下框内有"民"字。

图片鉴赏及暗记位置如下（图3-26、图3-27）。

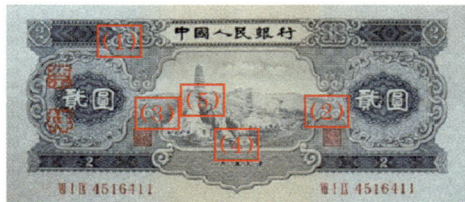

图3-26　第二套人民币2元宝塔山正面

图3-26　第二套人民币2元宝塔山背面

四、第二套人民币1953年3元井冈山

（一）基本信息（表3-10）

表3-10　第二套人民币1953年3元井冈山基本信息

名　　称	井冈山	面　　值	3元
发行时间	1955年3月1日	停用时间	1964年5月15日
票面尺寸	160mm×72.5mm	字冠号码	三字冠、七号码
正面图案	井冈山龙源口图景，主色为深绿色	背面图案	花符、国徽及汉、蒙、维、藏四种文字行名和面值，主色为深绿色
印刷工艺	胶印四色、凹印二色	印刷单位	苏联代印

（二）特点

（1）实心五角星花纹混合水印。

（2）未发现暗记。

（3）是人民币发行史上唯一一枚3元面额票券，由周恩来总理指定。

（4）由苏联代印，存世量稀少。

图片鉴赏如下（图3-28、图3-29）。

图3-28　第二套人民币1953年3元井冈山正面

图3-29　第二套人民币1953年3元井冈山背面

五、第二套5元各族人民大团结（黄版）

（一）基本信息（表3-11）

表3-11　第二套5元各族人民大团结（黄版）基本信息

名　称	各族人民大团结	面　值	5元
发行时间	1955年3月1日	停用时间	1964年4月15日
票面尺寸	165mm×75mm	字冠号码	三字冠、七号码
正面图案	各族人民团结图，主色为紫黄色	背面图案	花符、国徽及汉、蒙、维、藏文字，主色为紫黄色
印刷工艺	胶印四色、凹印二色	印刷单位	苏联代印

（二）特点

（1）分实心五角星花纹混合水印和空心五角星水印两种。

（2）暗记：①正面华表下穿白衣服人左手下有"人"；②左侧花饰左下有"五"；③右侧花饰右下有"六"。

（3）年版号改成"1956"，正面与背面的花符也做了修改。

（4）这是第二套人民币中发行最晚的票券。

图片鉴赏及暗记位置如下（图3-30、图3-31）。

图3-30　第二套人民币5元各族人民大团结
七位实五星水印正面

图3-31　第二套人民币5元各族人民大团结
七位实五星水印正面

六、第二套人民币10元工农像

（一）基本信息（表3-12）

表3-12　第二套人民币10元工农像基本信息

名　　称	工农像	面　　值	10元
发行时间	1957年12月1日	停用时间	1964年4月15日
票面尺寸	210mm×85mm	字冠号码	三字冠、七号码
正面图案	工农联盟图，主色为黑色	背面图案	花符、国徽及汉、蒙、维、藏文字，主色为黑色
印刷工艺	胶印四色、凹凸印各二色	印刷单位	苏联代印

（二）特点

（1）正面左侧国徽固定水印。

（2）这是人民币发行史上最大票幅的票券。

（3）四周尤其是左边有较宽的白边，俗称"大白边"。

（4）未发现暗记。

（5）由苏联代印，存世量极其稀少。

图片鉴赏如下（图3-32、图3-33）。

图3-32　第二套人民币10元工农像正面

图3-33　第二套人民币10元工农像背面

附1 第二套人民币金属硬币一览表

附表1 第二套人民币金属硬币一览表

券　别	图　案		材　质	直　径	发行时间
	正　面	背　面			
5分硬币	国徽、国名	麦穗、面额、年号	铝镁合金	24毫米	1957-12-01
2分硬币	国徽、国名	麦穗、面额、年号	铝镁合金	21毫米	1957-12-01
1分硬币	国徽、国名	麦穗、面额、年号	铝镁合金	18毫米	1957-12-01

第四章 第三套人民币解读

〖第三套人民币导读〗

　　1962年4月20日，中国人民银行发行第三套人民币，与第二套人民币比价相等，在市场上混合流通。第三套人民币取消了3元纸币，分币仍采用第二套人民币的，增加了1角、2角、5角和1元四种金属币，有主辅币7种面额，24种版别，其中共有10元券2种、5元券2种、2元券2种、1元券3种、5角券3种、2角券3种、1角券9种（图4-1）。

图4-1　第三套人民币

　　2000年7月1日，第三套人民币退出流通，流通年数为38年。

　　第三套人民币票面设计图案比较集中地反映了当时国民经济以农业为基础，以工业为主导，农轻重并举的方针。在印制工艺上，第三套人民币继承和发扬了第二套人民币的技术传统和风格。在制版过程中，精雕细刻，机器和传统的手工相结合，使图案、花纹线条精细；油墨配色合理，色彩新颖、明快；票面纸幅较小，图案美观大方。总体来说，第三套人民币的质量有了较大提高。

第一节　第三套人民币概述

一、第三套人民币的发行历史背景

第三套人民币的设计与发行从1955年开始组织调查，制定方案。1959年1月23日，中国人民银行总行第一次向国务院上报关于更换新版人民币的请示。同年2月14日，又将新版人民币设计画稿的主题思想上报中央，周总理作了十分详细认真的批示，提出了很多意见。经过美术专家和印制专业技术人员的密切合作，反复修改，设计出了新方案。1959年6月6日，中国人民银行总行再次上报设计修改稿。这期间，除2元券和5角券外，其他面额的票券设计方案均被批准并已陆续投入生产。10元券因正面、背面图案及水印内容尚未确定，其方案经反复修改，直至1965年6月18日才被中央批准，故年号也改成了1965年；5角券因1959年周总理在审批设计稿时提出角券中是否用一个轻工业图案的意见，也一直没有定稿，至1972年7月24日才上报设计稿样，7月26日国务院批准，因此，票面年份也改成了1972年。第三套人民币上的汉字行名仍沿用马文蔚的书体，但汉字面值改成了印刷宋体字。

根据国务院批准的设计图案，中国人民银行总行组织雕刻师们共同会战，充分发挥各自的雕刻特长，将手工雕刻与机器雕刻相结合，使第三套人民币的艺术性和防伪性更为突出，其代表性作品是吴彭越雕刻的5元券正面的炼钢工人和鞠文俊雕刻的1元券背面的天山放牧图。第三套人民币印制系统的工程技术人员突破了印制设备的技术难关，同时造出了我国自己的水印钞票纸，如空心五角星布币混合满版水印、国旗五角星满版水印和天安门固定水印，均由袁荣广和郑新臣设计雕刻。第三天人民币的出现，结束了我国货币生产依赖外国的历史。

二、第三套人民币的特点

（1）主题思想鲜明，内容相互呼应，极具民族特色，象征文化教育新改革。三种面额角券背面分别采用菊花、牡丹花、梅花、棉花等组成的图案，象征社会主义文化、科学、艺术百花齐放、欣欣向荣。1元券正面为女拖拉机手图，象征以农业为基础，背面的羊群象征发展畜牧业；2元券正面为车床工人图，象征以工业为主导；5元券正面为炼钢工人图，象征工业以钢为纲；2元券、5元券背面的石油矿井和露天煤矿象征发展能源工业；10元券正面为人民代表步出大会堂图，象征人民参政议政，当家做主，背面以红色牡丹花和彩带衬托天安门，象征伟大祖国的富强和团结。

（2）**进一步打破了边框式设计思想**。我国旧式钞票的设计思想是封闭式的，图案全部被围在一个矩形花框内。设计人员在设计第二套人民币时，已经做了一些打破这种模式的尝试，改为上下边框，实践证明这种尝试是成功的。第三套人民币的设计做了更大胆的突破：主币取消了上边框，下边框也有较大变形，形成了富有民族特色的图案。三种辅币除最初设计的枣红色1角券仍保留了变形的底边框外，全部取消了边框，改为开放式构图。

（3）**色彩丰富**。第二套人民币由于印刷技术所限，基本上是单色的，这样的票面既不够美观，也不利于防伪。第三套人民币的票面除了有一个基本色调外，还采用了多色印刷技术，使得画面色调活泼、丰富，也提高了防伪性能。

（4）**增设了壮文**。接受民族事务委员会的建议增设了壮文，并根据票面图案布局，重新调整了四种少数民族文字的排序和印制位置。

（5）**缩小了票幅**。1961年10月16日，中国人民银行总行上报"缩小新版人民币票幅"的报告，主要原因是我国连续两年农业遭受自然灾害，此举为最大限度地节约原棉等纤维原料和胡麻油消耗，10月29日获国务院批准。因此，第三套人民币各种面额票券与第二套人民币同面额票券的票幅相比均有一定比例的缩小，既便利了流通使用，又节约了印制费用。

（6）**画面设计和先进技术相结合**。20世纪50年代，国际印钞业已经较多地使用了一些机雕、接线等新技术。在第三套人民币的设计中，由于美术专家和专业设计人员集体创作，充分发挥了各自的长处，除主景工艺完全采用手雕外，面值文字的衬底花纹或花符图案多采用机雕技术。例如10元券面值衬底利用机雕网状线与手工装饰相结合，形成向日葵花盘的效果。在其他票券面值衬底图案设计中，还使用了接线技术，大大提高了钞票的防假性能。

四、第三套人民币中的特殊版别

1.第三套人民币各券别发行时间

1962年4月20日：发行了1960年版1角纸币；

1964年4月15日：发行了1960年版2元及1962年版2角纸币；

1966年1月10日：发行了1965年版10元及1962年版1角纸币；

1967年12月15日：发行了换色1962年版1角纸币；

1969年10月20日：发行了1960年版1元及5元纸币；

1974年1月5日：发行了1972年版5角纸币；

1980年4月5日：发行了1角、2角、5角和1元硬币。

2. 印制未发行币种

中国人民银行曾印制第三套人民币1990年版的1元及2元纸币，由于当时第四套人民币已大量发行，以及第三套人民币即将停用等原因，未发行即被银行收回，仅有极少量流入市场。

3.第三套人民币1角券的版别与价格

第三套人民币中的1角纸币共有三个版别，分别为币面枣红色、年号为"1960"的"枣红1角"；年号为"1962"、背面菊花两边为墨绿色的"背绿1角"，以及年号同为"1962"但背面菊花两边为紫色的"背紫1角"。部分版别从外观来看差别细微，但价格却相距甚远，从几元到几万元不等。

"枣红1角"：第三套人民币的首发票券，也是该套1角币中唯一一枚年号为"1960"的纸币。整张币的主色调为枣红色，正面图案为教育与生产相结合的师生图，票幅比同面额其他票券大，号码形体和印刷位置也不同于其他票券。它是目前发行的流通人民币中唯一采用纯手工双面凹印技术的纸币，使得枣红券十分耐磨；"枣红1角"采用的是苏联制造的特一号纸，质地极佳，耐折耐水洗，是非常少见的一张人民币。同时，"枣红1角"还是中国纸币史上唯一一枚能反映"文化大革命"时期特征的1角券，因其发行时间短，存世量稀少，成为第三套人民币纸币收藏的灵魂之一。

"背绿1角"：背面菊花两边为墨绿色。因其背面绿色与2角券的颜色相似，在流通中不便识别，其在发行后不久就被回收，因此"背绿1角"是第三套人民币中发行量最少、发行时间最短、存世量最少的1角纸币。其正面图案为教育与生产相结合的劳动场面，其中又分为有水印（空心五角星）和无水印两种，前者因存量更少因而更值钱。据悉，2012年，由广州国标钱币收藏品鉴定评估公司送评的"背绿1角"（无水印）纸币，被国际顶级钱币评级机构PMG评为70级满分币。这意味着这枚现今已有50多岁的纸币，成了中国史上的"最完美纸币"。2011年5月17日，北京诚轩拍卖公司拍得一张全新"背绿1角"纸币，价格达4.37万元。

"背紫1角"：图案、年号均与"背绿1角"相同，但背面菊花图案两边为紫色，是第三套人民币1角纸币流通的主要版别。根据正面图案下方的纸币字冠、数字的长短编号和颜色不同，又细分为几种。因发行量、存世量有差别，价格也有高低之分。

红三冠背紫：纸币编号颜色为红色，其中罗马数字字冠为3位，后跟7位阿拉伯数字。

红二冠背紫：红三冠用完后再版改为此版别。纸币编号颜色为红色，其中罗马数字字冠为2位，后跟8位阿拉伯数字。

蓝三冠背紫：红二冠用完后再版改为此版别。纸币编号颜色为蓝色，其中罗马数字字冠为3位，后跟7位阿拉伯数字。因存世量最多，价格升幅不大。

蓝二冠背紫：蓝三冠用完后再版改为此版别。纸币编号颜色为蓝色，其中罗马数字字冠为2位，后跟8位阿拉伯数字。

4.第三套人民币2元券：集错版币与绝版币于一身

1960版2元券采用棉纤维材质，自身保存性较差，存世量极少。主要的收藏价值表现为两点。

（1）错版币——收藏界的"宠儿"

错版人民币一直是藏家的"宠儿"。据了解，20世纪90年代后期，有报道说1960年版2元纸币中的汉字"贰"的两横在上面，不是在下面，将其认定为错版币。最近几年，1960年版2元错版币市值暴涨，市场价已达2000元左右，升值了约1000倍，100张连号错版币市值已达20万元以上。

（2）人民币发行史上的第二个绝版币

1999年，国务院决定取消2元人民币的发行，此后8年间只收不付，使其逐渐退出货币流通领域。人民银行明确表示不再发行2元纸币，因此，两元纸币成为人民币发行史上的第二个绝版币，极具收藏价值。

四、第三套人民币的设计特征

第三套人民币票面设计图案比较集中地反映了当时我国国民经济以农业为基础，以工业为主导，农、轻、重并举的方针。在设计上，主币取消了上边框，下边框也有较大变形，形成富有民族特色的图案。三种辅币除最初设计的枣红色1角券仍保留了变形的底边框外，全部取消了边框，形成开放式构图。这样，使较小的票面显得画面开阔、深远。

在印制工艺上，第三套人民币继承和发扬了第二套人民币的技术传统、风格。在制版过程中，精雕细刻，机器和传统的手工相结合，使图案、花纹线条精细；油墨配色合理，色彩新颖、明快；票面纸幅较小，图案美观大方。

第二节　第三套人民币背后的故事

故事一：第三套人民币10元券，唯一反映民主政治内容的人民币

1945年，黄炎培先生在延安对毛泽东说："我生六十多年，耳闻的不说，所亲眼看到的，真所谓'其兴也勃焉''其亡也忽焉'，总之没有能跳出这周期律。中共诸君从过去到现在，我略略了解的，就是希望找出一条新路，来跳出这周期律的支配。"面对黄炎培的疑问，毛泽东已准备好了方案："我们已经找到新路，我们能跳出这周期律。这条新路，就是民主……"这就是历史上著名的"窑洞对"。第三版纸币10元券，反映的是"民主政治"的具体内容——人民代表大会制度。第一套人民币发行时，还没有召开全国人民代表大会，第二套人民币发行时（1955年），虽然第一届全国人民代表大会已于1954年召开，但它在设计时（1950年）第一届全国人民代表大会还没有召开，所以第一、二套人民币的图案都没有反映这一主题。后来发行的第四套、第五套人民币也没有此类内容，所以第三套人民币10元券是五套人民币中唯一反映民主政治内容的版别。

故事二：第三套人民币上的人物今何在？

1.面值为1元的人民币上的人物今何在？

1962年4月，我国发行的第三套人民币中，面值为1元的人民币上的图案是一位英姿飒爽的青年女拖拉机手正在耕作。这位女拖拉机手是中华人民共和国第一位女拖拉机手，1950年被选为全国劳模，受到了毛主席等国家领导人的亲切接见，她就是哈尔滨市农机局原总工程师、教授级高级工程师梁军。这位飒爽英姿的女模范，如今已年过八旬（图4-2）。

梁军出生在黑龙江省明水县的一个贫苦家庭。17岁时，她来到了德都萌芽乡村师范学校学习。1948年，学校决定办农场，准备派学员去北安参加拖拉机训练班学习，梁军第一个报了名。1950年3月，梁军所在学校举办了第一

期拖拉机驾驶员学习班。学员毕业后，学校决定成立女子拖拉机队。1950年6月，学校举行了隆重的命名仪式，宣布以梁军命名的中华人民共和国第一支女子拖拉机队成立。此后，梁军作为一名女拖拉机手，与转业官兵一起参加北大荒的开发建设。1959年11月，国产首批13台"东方红-54"拖拉机运抵黑龙

图4-2　梁军：1元券上的女拖拉机手原型

江，此前梁军驾驶的一直是进口拖拉机。当梁军第一次看到中国制造的拖拉机时，她按捺不住激动，跳上"东方红-54"，兴奋地兜了一圈。记者拍下了这个画面。

"人民币上的女拖拉机手是你吗？"过去的很多年里，梁军无数次面对这样好奇的追问，她总是摇着头说："不知道。""我看到的时候也冒出过想法，这个人怎么这么像我呢？"梁军说。

直到2003年，崔永元打造了全新栏目《小崔说事》，并经过多方采访，最终从官方得到确认，人民币1元券上的女拖拉机手确实是以梁军为原型的。梁军认为，自己的形象能上人民币是莫大的荣誉，但是，这种荣誉不是自己的，而是代表那个年代全国劳动人民的。

后来，梁军曾任哈尔滨市香坊区农机局副局长、市农机局副处长、市农机局总工程师等职，直至1990年离休，她将全部的热情和心血都献给了她所钟爱的农机事业。

前几年，哈尔滨道里区建国街道办事处聘任耄耋之年的梁军为关心下一代工作委员会荣誉主任。"如果我能回到年轻的时候，我还会选择去当一名拖拉机手。"老人的声音洪亮坚定。

2.5角券上的女工原型之一——蒋定桂

中国人民银行在1972年发行的5角纸币正面的图案，描绘的是纺织厂细纱车间里的三位纺织女工，左边是个正在换粗纱的女工，右边是个巡回中的挡车女工，正中央则是一个推着落纱机的女工——那个女工的原型就是蒋定桂。

蒋定桂在北京成长，1966年高三毕业时，"文化大革命"开始了，她的

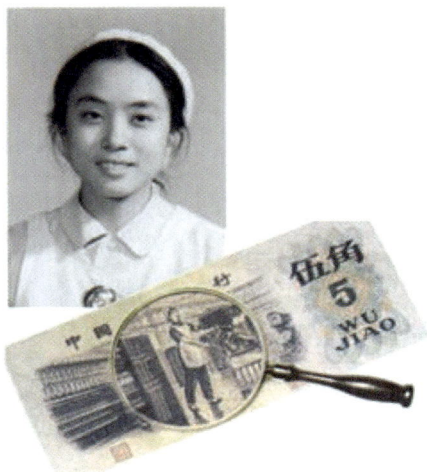

图4-3　蒋定桂：5角券纺织女工原型之一

求学之路戛然而止。

不幸接踵而至，1967年6月8日，其父因癌症医治无效与世长辞。其母患有糖尿病、阵发性室上性心动过速等多种疾病，每次发作都要立即送医院注射西地兰。如果她离开北京，母亲便无人照顾了。万般无奈之下，蒋定桂以母亲的名义给周恩来总理写了封信。三个月后，她在1970年新年到来之前等来了回音。

在周恩来总理的过问下，蒋定桂被安排到中国纺织科学研究院棉纺分厂，成了工人阶级的一员。

记得发行这张纸币的那个月，蒋定桂和同事们的工资里都有一张这样的新币。发工资那天，蒋定桂还没进厂，路上碰见了师傅的女儿，她远远就冲蒋定桂喊："钱上有你！"当时蒋定桂未解其意，等进了车间，师傅才告诉她，以前在她们车间照了许多相的那些人，就是这张5角券的设计人员。纸币中间那个推落纱机的女工，就是照着她的照片画的。

故事三：第三套人民币10元券的故事

中国人民银行于1966年1月10日发行第三套人民币10元券，即1965年版10元券。该票券后期发行的少部分出现了令人意想不到的情况，给人民币的防伪工作造成一定影响，也给基层银行带来不少麻烦。

20世纪80年代后期，一部分从印制厂调拨到基层银行已发放到民间的10元券在存储时，验钞机不断发出异常警示信号，经人工细查并未发现有假，但反复检测还是被验钞机认为有"问题"，这使在银行工作多年有着丰富经验的专家迷惑不解。

与此同时，其他金融收兑机构也出现了类似情况，这种不正常现象立即引起人民银行有关部门的高度重视。印制厂的技术人员对这些10元券核查了印制批次与编号，对所采用的原料、工艺过程逐一进行排查，终于在票券背面天安门图案的上方、左、右两边的彩色花符油墨中发现了问题所在。

原来，1987年，中国人民银行引进两台国外奇奥利公司的胶凹联合印制机，分配给北京五四一厂和上海五四二厂各一台，按照与外商的合同规定，该设备试印1965年版10元券，一部分彩墨由西克巴公司提供。对该公司提供的油墨，两厂技术部门只关注了墨色，对彩墨成分中含有超标"荧光粉"这一问题未进行检测。根据工艺要求，胶印必须采用紫外线来干燥油墨，以期能在一定程度上将包括荧光粉在内的一些化学品含量降至最低，但紫外线终究化解能力有限，且验钞机的色谱识别系统对任何超量的化学物质都有着强烈的排斥作用。

1987年7月至1989年3月，两厂至少有5组（三字冠少，二字冠多）冠字编号（如北京五四一厂印制的Ⅳ Ⅵ 00000001-70000000）、不低于16亿元金额的票券发往全国各地。银行有关部门出于量大、面广及人民币信誉等多种因素的考虑，对未发出的票券就地封存，已发出的不明示通告，采取只收不付的方式秘密回收。截至2020年7月1日该纸币停用时，人民银行已收回、销毁了绝大部分，外面只有少量遗存。因此，1965年版10元券成为收藏、投资的最佳选择之一。

故事四：第三套人民币小全套与大全套的收藏价值

第三套人民币小全套一共有15张，有10种券别，包括1分、2分、5分、1元、2元、5元、10元各一张，1角有4张，2角有2张，5角有2张（图4-4）。

第三套人民币大全套一共包含27张纸币：10元2张、5元2张、2元2张、1元3张、5角3张、2角3张、1角9张、5分1张、2分1张、1分1张（图4-5）。

图4-4 第三套人民币小全套

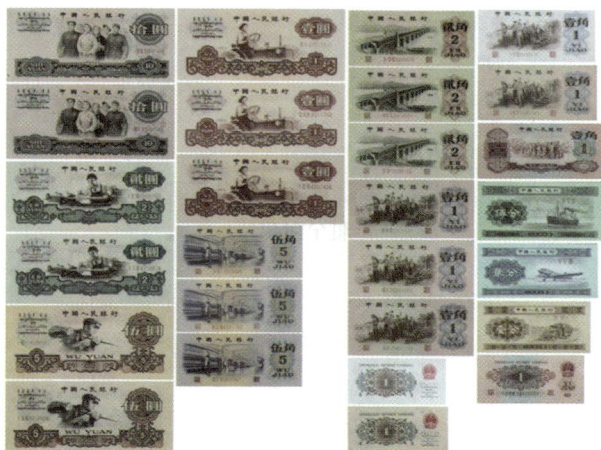

图4-5　第三套人民币大全套

故事五：第三套人民币中的"五珍"

（1）1960版"枣红1角"是第三套人民币中的"币王"。该角券是中华人民共和国唯一一次使用干纸双面双凹印刷的纸角币，油墨颜料也是工人们自己研制的永不褪色的色粉。"枣红1角"没有像其他纸币实行数次或多次印制发行，且纸张质量好、工艺精湛、发行量少、色调明快，这也使得"枣红1角"的印制成本较高。由于当时的历史原因，该券币遭到严苛的回收销毁，存世量骤减，因此"枣红1角"具有技术含量和历史意义，自然而然成了珍品。

（2）"背绿水印1角"是第三套人民币中的"票胆"。该角券于1966年发行，票背面有部分颜色为墨绿色，故人们习惯称之为"背绿水印"。又由于背面图案看上去像一只展翅的蝴蝶，故有人称之为"蝴蝶券"。由于发行仅1年人民银行就决定将其收回，因此"背绿1角"成为第三套人民币中发行量最少、发行时间最短、存世量最少的纸币。"背绿1角"有带水印和无水印两种版式，其中带五星水印的"背绿1角"存世量十分稀少，是第三套币中当之无愧的"票胆"。

（3）1960版古币水印2元券。票券正面是车床工人生产作业图，象征以工业为主导，主色是墨绿色和黑色，触摸票正面的花纹有极强的凸凹感；背面

125

为国徽、石油矿井作业图，主色为绿色、粉红色、黑色。古币水印存世量相当少，是第三版人民币"五珍"之一。

（4）1960版古币水印1元券。票面正面图案为女拖拉机手，象征以农业为基础，主色为红色；背面图案为国徽、棉花、梅花、牧场，象征发展畜牧业，主色为黑色、红色、蓝色、黄色。票券分古币水印和空心五角星水印两个版别，其中古币水印1元券是三版币中较珍稀的品种。

（5）1960版五角星水印5元券是我国纸币中的精品。票面正面主图描绘的是轰轰烈烈的炼钢场面，工人手握钢钎，钢钎所指之处配以放射状底纹，使人仿佛看到了画外炉火通红、钢水四溅的场景，达到了创作艺术与雕刻艺术的完美结合，堪称杰作。此票券还在国际上获得"最佳钞票及世界最佳纸币"设计大奖。

第三节　第三套人民币特征及票样——角

一、第三套人民币1960年1角教育与生产劳动相结合（枣红1角）

（一）基本信息（表4-1）

表4-1　第三套人民币1960年1角教育与生产劳动相结合（枣红1角）基本信息

名　　称	教育与生产劳动相结合	面　　值	1角
发行时间	1962年4月20日	停用时间	1971年11月24日起只收不付
票面尺寸	114mm×52mm	字冠号码	三字冠、七号码
正面图案	教育与生产劳动相结合师生图，汉、蒙、维、藏、壮文字，主色有枣红、橘红、蓝绿色三种	背面图案	菊花和国徽图案，主色共有枣红、橘红、蓝绿色三种
印刷工艺	双面凹版印刷（目前发行的流通人民币中唯一采用纯手工双面凹印技术的纸币）	票面底纹	几何花纹

（二）特点

（1）空心五角星水印。

（2）未发现暗记，是第三套人民币的首发券，票幅比1962年版1角券大，号码形体和印制位置也不同于其他票券。

（3）正背面均印有"1960"年号。

图片鉴赏如下（图4-6、图4-7）。

图4-6　第三套人民币1960年1角教育与生产劳动相结合（枣红1角）正面

图4-7　第三套人民币1960年1角教育与生产劳动相结合（枣红1角）背面

二、第三套人民币1962年1角教育与生产劳动相结合（背绿1角）

（一）基本信息（表4-2）

表4-2　第三套人民币1962年1角教育与生产劳动相结合（背绿1角）基本信息

名　　称	教育与生产劳动相结合	面　　值	1角
发行时间	1966年1月10日	停用时间	1967年12月起只收不付
票面尺寸	105mm×50mm	字冠号码	红三字冠、七号码
正面图案	教育与生产劳动相结合师生图，主色为深棕、浅紫色	背面图案	菊花和国徽图案，汉、蒙、维、藏、壮文字，主色为深棕、墨绿色
印刷工艺	正面凹印，背面胶印	票面底纹	几何花纹

（二）特点

（1）分无水印和空心五角星水印两种。

（2）暗记：①票正面大门右侧第六与第七栏杆上方有"A"；②在"A"的左上方有"J"。

（3）背面印有"1962"年号。

图片鉴赏及暗记位置如下（图4-8、图4-9）。

图4-8　第三套人民币1962年1角教育与生产劳动相结合（背绿水印1角）正面

图4-9　第三套人民币1962年1角教育与生产劳动相结合（背绿水印1角）背面

三、第三套人民币1962年1角教育与生产劳动相结合（背紫1角）

（一）基本信息（表4-3）

表4-3　第三套人民币1962年1角教育与生产劳动相结合（背紫1角）基本信息

名　称	教育与生产劳动相结合	面　值	1角
发行时间	1967年12月15日	停用时间	2000年7月1日
票面尺寸	105mm×50mm	字冠号码	红蓝二字冠、八号码；红蓝三字冠、七号码
正面图案	教育与生产劳动相结合师生图，主色为深棕、浅紫色	背面图案	菊花和国徽图案，菊花图案两边均为紫色，汉、蒙、维、藏、壮文字
印刷工艺	红色冠字为凹版印刷，蓝色冠字为平版印刷	票面底纹	几何花纹

（二）特点

（1）空心五角星水印。

（2）暗记：同"背绿1角"。

（3）背面印有"1962"年号。

图片鉴赏如下（图4-10、图4-11）。

图4-10　第三套人民币1962年1角教育与生产劳动相结合（背紫红二冠八号码1角）正面

图4-11　第三套人民币1962年1角教育与生产劳动相结合（背紫红二冠八号码1角）背面

四、第三套人民币1962年2角长江大桥

（一）基本信息（表4-4）

表4-4　第三套人民币1962年2角长江大桥基本信息

名　　称	长江大桥	面　值	2角
发行时间	1964年4月15日	停用时间	1992年月2月4日起只收不付，2000年7月1日停用
票面尺寸	110mm×50mm	字冠号码	二字冠、八号码；三字冠、七号码
正面图案	武汉长江大桥图景，主色为墨绿色、淡粉色	背面图案	牡丹花、国徽及汉、蒙、维、藏、壮文字，主色为绿色、紫色
印刷工艺	分平版和凹凸印刷两种	票面底纹	几何花纹

（二）特点

（1）无水印。

（2）暗记：①正面大桥左桥头坡地上有数字"2"；②左上侧原野图案中有"田"字；③左上侧原野图案中有"二"字；④左上侧原野图案中有"日"字。

（3）背面印有"1962"年号。2角券汉字"角"的尾巴没有穿出来，这是当时常用及惯用的写法，在第二套、第三套纸币中的所有角券中，"角"都是这种写法。

图片鉴赏及暗记位置如下（图4-12、图4-13）。

图4-12　第三套人民币2角长江大桥凸版正面　　图4-13　第三套人民币2角长江大桥凸版背面

五、第三套人民币1972年5角纺织工人

（一）基本信息（表4-5）

表4-5 第三套人民币1972年5角纺织工人基本信息

名 称	纺织工人	面 值	5角
发行时间	1974年1月5日	停用时间	2000年7月1日停用
票面尺寸	115mm×50mm	字冠号码	二字冠、八号码；三字冠、七号码
正面图案	纺织工人生产图，主色为绛紫色、橘黄色	背面图案	棉花、梅花、国徽及汉、蒙、维、藏、壮文字，主色为绛紫色、橘黄色
印刷工艺	分平版、胶印和凹版三种	票面底纹	几何花纹

（二）特点

（1）胶印，无水印；平板水印；凹印，国旗五角星水印（发行量较少）。

（2）暗记：①正面纺车车间右侧小齿轮上有"5"；②纺织车间右侧大齿轮下有"中"。

（3）背面印有"1972"年号。

图片鉴赏及暗记位置如下（图4-14、图4-15）。

图4-14 第三套人民币5角纺织工人三冠七号码平板水印正面

图4-15 第三套人民币5角纺织工人三冠七号码平板水印背面

第四节　第三套人民币特征及票样——元

一、第三套人民币1960年1元女拖拉机手

（一）基本信息（表4-6）

表4-6　第三套人民币1960年1元女拖拉机手基本信息

名　　称	女拖拉机手	面　　值	1元
发行时间	1969年10月20日	停用时间	2000年7月1日停用
票面尺寸	131mm×57mm	字冠号码	二字冠、八号码；三字冠、七号码
正面图案	女拖拉机手图，汉、蒙、维、藏、壮文字，主色为深红色	背面图案	中间为天山放牧图，两侧为小麦、黄豆、稻子和棉花图案，国徽，主色为深红色
印刷工艺	双面凹版印刷	票面底纹	几何花纹

（二）特点

（1）分为三字冠七号码、空心五角星古币混合水印（简称古币1元）、三字冠七号码国旗五星水印和二字冠八号码国旗五星水印三种。

（2）暗记：背面右侧山坡上有"工"。

（3）正面、背面均印有"1960"年号。

图片鉴赏及暗记位置如下（图4-16、图4-17）。

图4-16　第三套人民币1元女拖拉机手二冠八号码正面

图4-17　第三套人民币1元女拖拉机手二冠八号码背面

二、第三套人民币1960年2元车床工人

（一）基本信息（表4-7）

表4-7　第三套人民币1960年2元车床工人基本信息

名　　称	车床工人	面　　值	2元
发行时间	1964年4月15日	停用时间	1992年月2月4日起只收不付 1999年3月1日停用
票面尺寸	135mm×57mm	字冠号码	二字冠、八号码；三字冠、七号码
正面图案	车床工人生产图，汉、蒙、维、藏、壮文字，主色为深绿色	背面图案	石油矿井图，国徽，主色为深绿色
印刷工艺	双面凹版印刷	票面底纹	几何花纹

（二）特点

（1）分为国旗五角星水印和空心五角星古币混合水印（非常稀少）两种。

（2）暗记：背面左下树丛中有"2"和"R"。

（3）正面、背面均有"1960"年号。

图片鉴赏及暗记位置如下（图4-18、图4-19）。

图4-18　第三套人民币2元车床工人古币水印正面

图4-19　第三套人民币2元车床工人古币水印背面

三、第三套人民币1960年5元炼钢工人

（一）基本信息（表4-8）

表4-8　第三套人民币1960年5元炼钢工人基本信息

名　　称	炼钢工人	面　　值	5元
发行时间	1962年4月20日	停用时间	2000年7月1日停用
票面尺寸	142mm×63mm	字冠号码	二字冠、八号码；三字冠、七号码
正面图案	炼钢工人生产图，汉、蒙、维、藏、壮文字，主色为深棕色	背面图案	露天采矿图，国徽，主色为黑绿色
印刷工艺	双面凹版印刷	票面底纹	几何花纹

（二）特点

（1）国旗五角星水印。

（2）二字冠5元券比三字冠5元券颜色浅。

（3）暗记：①背面"行长之章"右上角有"H"和"J"；②挖掘机窗户上有"天"。

（4）正背面均印有"1960"年号。

（5）曾获得"最佳钞票及世界最佳纸币"设计大奖。

图片鉴赏及暗记位置如下（图4-20、图4-21）。

图4-20　第三套人民币5元炼钢工人二字冠正面

图4-21　第三套人民币5元炼钢工人二字冠背面

四、第三套人民币1965年10元人民代表步出大会堂

(一)基本信息(表4-8)

表4-8 第三套人民币1965年10元人民代表步出大会堂基本信息

名　　称	人民代表步出大会堂	面　值	10元
发行时间	1966年1月20日	停用时间	2000年7月1日停用
票面尺寸	157mm×72mm	字冠号码	二字冠、八号码;三字冠、七号码
正面图案	人民代表步出人民大会堂图,汉、蒙、维、藏、壮文字,主色为黑色	背面图案	天安门图景,国徽,主色为红色
印刷工艺	双面四版印刷	票面底纹	几何花纹

(二)特点

(1)正面左侧空白处有天安门固定水印。

(2)发现有荧光油墨印刷,较少见。

(3)暗记:①背面天安门右侧华灯柱子右边有"工";②华灯右上有"Z";③天安门左端边缘处有"人"。

(4)正面、背面均印有"1965"年号。

图片鉴赏及暗记位置如下(图4-22、图4-23)。

图4-22 第三套人民币10元人民代表步出大会堂二字冠正面

图4-23 第三套人民币10元人民代表步出大会堂二字冠背面

附2 第三套人民币金属硬币一览表

附表2 第三套人民币金属硬币一览表

券别	图案		材质	直径	发行时间
	正面	背面			
1元硬币	国徽、国名、年号	长城、面额	铜镍合金	30毫米	1980-04-15
5角硬币	国徽、国名	齿轮、麦穗、面额、年号	铜锌合金	26毫米	1980-04-15
2角硬币	国徽、国名	齿轮、麦穗、面额、年号	铜锌合金	23毫米	1980-04-15
1角硬币	国徽、国名	齿轮、麦穗、面额、年号	铜锌合金	20毫米	1980-04-15

第五章　第四套人民币解读

〚第四套人民币导读〛

1987年4月27日，中国人民银行发行第四套人民币，与第三套比值相等，共有9种面额，14种版别。其中，1角、5角、1元有纸币和硬币2种，1角、2角、5角、5元、10元只有1980年版1种，2元、50元、100元有1980年版和1990年版2种，1元有1980年版、1990年版和1996年版3种。与第三套人民币相比，增加了50元、100元大面额人民币（图5-1）。

图5-1　第四套人民币

2004年12月1日，中国人民银行宣布对第四套人民币1980年版2角、1980年版2元、1990年版2元券实行只收不付；2009年底，中国人民银行文件规定开始全面销毁回笼的第四套人民币。经国务院批准，中国人民银行决定自2018年5月1日起停止第四套人民币100元、50元、10元、5元、2元、1元、2角纸币和1角硬币在市场上流通。

第四套人民币在设计思想、风格和印制工艺上都有一定的创新和突破。主景图案集中体现了在中国共产党领导下，全国各族人民意气风发，团结一致，建设有中国特色的社会主义的主题思想。在设计风格上，第四套人民币保持和发扬了中华民族艺术传统特点，主币背面图景取材于中国名胜古迹、名山大川，背面纹饰全部采用富有中华民族特点的图案。在印制工艺上，主景全部采用了大幅人物头像水印，雕刻工艺复杂；钞票纸分别采用了满版水印和固定人像水印工艺，它不仅刻画出线条图景，而且表现出明暗层次，工艺技术很高，进一步提高了中国印钞工艺的技术水平和钞票防伪能力。

第一节　第四套人民币概述

一、第四套人民币的发行历史背景

第四套人民币是筹划设计时间最长的一套人民币，从1967年1月中国人民银行总行提出设计设想，到1985年5月定案，历时18年。

1967年1月，中国人民银行总行向国务院反映了湖北机械学院部分群众对人民币1元券天安门上没有毛主席像、红旗和标语提出尖锐批评的情况，同时提出了新版人民币的设计设想。同年2月，李先念批示："应准备一套新版人民币，设计图景要多反映些生产关系方面的题材，克服第三套人民币生产力题材多的问题。"1968年7月16日，中国人民银行总行第一次向国务院报送新版人民币设计方案初稿，主要以"三突出"（突出毛主席的光辉形象、突出毛泽东思想、突出毛主席的革命路线）和"两个反映"（反映无产阶级"文化大革命"、反映社会主义革命和建设）为主题思想，受到了周总理的严肃批评。1969年4月8日，总行第二次向国务院上报新版人民币设计稿，票券画面主要反映极左内容，仍未获批准。1975年11月18日，财政部（当时中国人民银行与财政部合并）第三次向国务院上报设计印制新版人民币的报告，设计方案的图稿主要反映了社会主义新生事物和工农兵形象，如知识青年上山下乡、工农兵上大学、农业学大寨、工业学大庆等，同年12月29日，李先念批示："放一放再说。"1976年5月10日，财政部再次请示，李先念批示："暂时不办。"以上上报的三套方案内容均是"文化大革命"极左思想的反映，在党中央、国务院的正确路线指导下，均被一一排除。

1977年11月15日，财政部再次上报关于设计新版人民币的报告，详细陈述了设计新版人民币的必要性和可能性，11月21日获中央政治局审查批准。1978年4月，根据党中央、国务院的决策，中国人民银行总行首先组织印制系统专业技术人员进行研究，同年11月，在中央美术学院和中央工艺美术学院领导的支持下，在罗工柳的主持下，由周令钊、侯一民、邓澍、陈若菊等组成专家组，在印制系统专业设计雕刻专家张作栋、石大振、刘延年等人的参与下，开始重新设计第四套人民币。经过专家们的集思广益，确定了设计指导思想和设计思路，最后完成了设计方案。1979年12月8日，总行上报第四套人民币彩色设计稿（当时没有50元和100元券），12月20日经国务院原则批准。1983年2月24日，总行向国务院上报关于印制发行第四套人民币的报告，同年3月3日国务院核准印制。

在第四套人民币的设计过程中，1981年7月6日，总行根据市场货币流通量猛增的实际情况，指示设计3种大面额票券，即20元、50元、100元，由北京印钞厂设计，以泰山、新华门，人民大会堂、三峡，天安门、长城为正、背面图景。11月4日，总行正式上报关于印制发行3种大面额票券的报告，详细陈述理由，但未被批准。1984年2月29日，总行再次上报印制大面额票券的报告，3月4日国务院批示："同意付印，何时发行另行报批。"同年10月23日，总行上报关于公布新版人民币时间及改变大面额票券设计主题的请示并陈述了理由，原设计3种大面额票券与批准的1角至10元券设计主题不一致，拟重新组织专家设计，并取消20元券，50元券正面用工人、农民、知识分子头像，背面用黄河图，100元券正面用毛泽东、周恩来、刘少奇、朱德四位领袖像，背面用井冈山全景，并将两张票券作为第四套人民币的配套面额。1985年5月，国务院常务会议讨论批准。至此，第四套人民币整套设计完成。

二、第四套人民币的特点

第四套人民币体现了"改革开放、民族团结"的时代特征，体现了团结各族人民快速发展国民经济、为建设具有中国特色社会主义事业共同奋斗的特征，具有如下特点：

（1）**体现了政治性与艺术性的有机结合**。在团结一致建设中国特色社会主义社会的主题思想下，一方面以我党老一辈革命家、工人、农民、知识分子、民族人物像体现政治性，另一方面通过我国名山大川、名胜古迹、民族图案等体现艺术性，整个画面绚丽多彩、栩栩如生，表现了我国货币的独特风格。

（2）**文字设计特点**。第四套人民币在文字的采用及规范化、标准化上作了认真调整。在当时是拥有最多文字的纸币，有汉文、汉语拼音、维吾尔文、藏文、蒙文、壮文和盲文（在1元以上主币上，以体现党和政府对残疾人的关心）等七种文字。第四套人民币在票面上全部采用了规范化汉字，字体仍沿用马文蔚先生的"张黑女"碑体：一是改繁体字为简体字；二是改异体字为正体字，如"贰"字中间的两横原来在上，现改成规范的正体字"贰"；三是改旧字形为新字形，如1角、2角、5角券的"角"字中间的一竖原本不出头，根据文化部（现文化和旅游部）、中国文字改革研究委员会1965年联合颁布的印刷通用的汉字字形表，使用了新字形"角"，中间一竖出头。

（3）**突出了防伪性能**。主要表现为四点。一是在设计、制版上采用了复杂的雕刻技术，不易造假；二是钞票用纸采用了以棉短绒和木浆为原料的高级钞券纸，不起毛、不断裂、拉力强、耐折、耐磨、耐腐蚀，除角分币外在纸张内经过特别工艺处理分别形成固定水印、半固定水印、不固定水印三种图案，表现出明暗层次；三是首次使用安全线，工艺技术很高；四是采用了荧光油墨和磁性油墨，以及其他防伪技术。

三、第四套人民币的特殊版别与冠号

1.第四套人民币2角纸币收藏的特殊冠号

第四套人民币1980年版2角从1988年开始发行，截至2002年，一共发行了242个冠号，共分为三大组，其中部分含有特殊冠号的2角具有较高的收藏价值。

（1）早期冠CP-CZ冠。由于早期发行，使用频率较大，使得现在全品相的存世量稀少，所以弥足珍贵，可以算是老、精、稀中的老藏品。

（2）冠号是IP-IZ的"爱版"。主要特征是纸币颜色明显区别于普通的1980年版2角的颜色，正面颜色偏淡（淡绿色），背面颜色偏深（青绿色），颜色整体翠绿。正面多用一层色，背面少用一层色。

（3）有着"黑珍珠"之称的P冠2角。黑签P字冠精制币应具备的四个条件为：一是1997年封装的老包装；二是P字头的10个冠号中的前8个，即PA、PB、PC、PD、PE、PF、PG、PH都是精致币，PI、PJ又分两种，其中黑签是精致币，绿签不是精致币；三是原捆封签全是黑色的；四是原刀腰条是金黄色。只有同时具备了上述条件的，才是1980年版2角黑签P字冠精制币。

2.第四套人民币整版连体钞特殊版别

连体钞，即多张连在一起未裁切的纸币，是供收藏、鉴赏的纸币珍品。第四套人民币整版连体钞是经中国人民银行批准，授权中国长城硬币投资有限公司特别装帧设计的一款以第四套人民币（1980年版）整版张为主要内容的连体钞。该连体钞珍藏册由1角、2角、5角、1元、2元、5元和10元7种券别的整版纸币构成。其中，1元、2元、5元三种券别均由竖8横5计40枚的连体纸币构成，5角券别由竖9横7计63枚连体纸币构成，1角与2角两种券别均由竖7横10计70枚的连体纸币构成，10元连体钞由竖7横5计35枚连体纸币构成，面值总计722.5元（图5-2）。2000年在香港地区的发售价为1800元港币，总发行量为1万册。所有这些连体纸币均卷装在一个相对应的精致圆筒内，既能够起到防尘、防蛀、防潮、防霉之"四防"作用，又能够很好地起到防卷曲、折损等保护作用。由于连体钞的特性，其实际价格远比面值高得多。加之小面值钱币与第五套人民币混合流通，所以第四套人民币相对适合收藏。

图5-2　第四套人民币整版连体钞

四、第四套人民币的设计特征

第四套人民币整套票券设计思想的共同主题是：全国各族人民在中国共产党的领导下，精神焕发，为建设社会主义现代化国家而努力奋斗。票面主景图案采用我国14个少数民族人物头像，栩栩如生的民族特色图案体现了鲜明的民族特点和精美的雕刻工艺，具体如下：

（1）100元券正面采用老一辈革命家毛泽东、周恩来、刘少奇、朱德4位伟人的侧面浮雕像。票面的背面主景图案是井冈山主峰。票面上的图案表明了中国共产党的起源是革命圣地"井冈山"及共产党人的"集体智慧"。

（2）50元券正面采用了工人、农民和知识分子的头像，票面的背面主景图案为黄河壶口，表明了大力发展社会主义经济，以经济建设为中心的主题。

（3）10元券正面采用汉族与蒙古族人物头像，票面的背面主景图案是珠穆朗玛峰，表明了民族团结高于一切的中心思想。

（4）5元券正面采用藏族与回族人物头像，票面的背面主景图案是长江巫峡，表明了中华民族文化的源远流长。

（5）2元券正面采用维吾尔族与彝族人物头像，票面的背面主景图案是南海的南天一柱，表明了各族人民的深厚感情坚如磐石，牢不可破。

（6）1元券正面采用侗族与瑶族人物头像，票面的背面主景图案是长城，表明了中华民族文化世代相传，绵延不绝。

（7）5角券正面采用苗族与壮族少女人物头像，2角券正面采用朝鲜族少女与布依族少女人物头像，1角券正面采用高山族男子与满族男子人物头像，1角、2角、5角券的背面主景图案都是国徽，表明了国家的尊严与民族文化息息相关。

第二节　第四套人民币背后的故事

故事一：第四套人民币上的背面风景名胜

1.人民币1元背面主景图——八达岭长城（图5-3、图5-4）

八达岭长城史称天下九塞之一，是万里长城的精华和杰出代表，也是万里长城向游人最早开放的地段。八达岭地理环境优越，自古以来就是通往山西、内蒙古、河北张家口的交通要道。

图5-3　第四套人民币1元背面

图5-4　八达岭长城实景图

2.人民币2元背面主景图——南天一柱（图5-5、图5-6）

钱币上的图案做了艺术处理——让巨石屹立在大浪之中，显得雄浑壮观，实际上这块石头位于沙滩上。科学家说近年气候变暖海面上升，也许有一天2元人民币上的图案会变成现实。"南天一柱"据说为清代宣统年间崖州知州范云梯所书。

图5-5　第四套人民币2元背面

图5-6　南天一柱实景图

3.人民币5元背面主景图——巫峡（图5-7、图5-8）

巫峡自巫山县城东大宁河起，至巴东县官渡口止，全长46千米，有大峡之称，以幽深秀丽擅奇于天下。巫峡两岸群峰以十二峰为奇，它们各具特色，尤以神女峰最为纤丽奇俏。"秀峰岂止十二座，更有零星百万峰。"巫峡是三峡最连贯、最整齐的峡谷。长江三峡自西向东依次是雄伟险峻的瞿塘峡、幽深秀丽的巫峡和滩多流急的西陵峡。

图5-7　第四套人民币5元背面

图5-8　巫峡实景图

4.人民币10元背面主景图——珠穆朗玛峰（图5-9、图5-10）

珠穆朗玛峰是世界上最高的山峰。它的地位正如它的高度，是永远不能被忽视的。珠穆朗玛峰位于我国和尼泊尔交界处，从中国境内眺望珠峰，它像一座金字塔，威严地耸立在一排雪峰之间。这张钱币整体色调以蓝色为主，设计它的时候就考虑到珠峰适合用这种冷色调来表现。1989年，我国建立了珠峰自然保护区。

图5-9　第四套人民币10元背面

图5-10　珠穆朗玛峰实景图

5.人民币50元背面主景图——壶口瀑布（图5-11、图5-12）

壶口瀑布是黄河流域的一大奇观，它是中国第二大瀑布。壶口位于陕西省宜川县与山西省吉县交界处。黄河流至壶口时，宽约400米的河床突然收缩到四五十米，河水奔腾倾泻而下，犹如从一巨型壶口倾倒而出，所以起名为"壶口"。由于河水的侵蚀作用，壶口瀑布每年都会向上游移动一小段距离，现在10元钱币上这个场景，或许在几百年后会消失在咆哮的黄河水中。

图5-11　第四套人民币50元背面

图5-12　壶口瀑布实景图

6.人民币100元背面主景图——井冈山（图5-13、图5-14）

井冈山位于江西省西南部，地处湘赣两省交界的罗霄山脉中段，自古有"郴衡湘赣之交，千里罗霄之腹"之称。1927年，中国共产党在井冈山创建了中国第一个农村革命根据地。在中国革命的史册上，井冈山被誉为"中国革命的摇篮""中华人民共和国的奠基石""天下第一山"。

图5-13　第四套人民币100元背面

图5-14　井冈山实景图

故事二：第四套人民币中少数民族人物今何在？

1. 第四套人民币1角券上的苗族人物王德安

1980年版第四套人民币中1角券上左边的人物名叫王德安，是苗族人。

1956年7月23日，贵州省黔东南苗族侗族自治州成立。王德安当选为第一任州长，后来又担任贵州省体委副主任直至退休。与王德安共事过的人对他的评价是诚实本分、做事认真。

王德安的头像上了人民币，这件事王德安周围的同事都知道，他也对家里人说过，但他的儿子王建设说，父亲并没有说拍摄的过程，他把这件事看得很淡（图5-15）。

图5-15　1角券上的苗族人物王德安

2. 第四套人民币2角券上的土家族女子黄其萍

黄其萍，湖南永顺县人，土家族人。1979年，她高中毕业后下放到农村锻炼3年。1979年4月，黄其萍正好20岁。国庆30周年前夕，北京民族文化宫为举行全国民族工作展览，在各地挑选少数民族讲解员，黄其萍作为湖南土家族的代表被选中了。有一次，来了几个新华社的记者和专业摄影师，为黄其萍拍了几十张头像。1981年，《中国各民族》画册出版了，黄其萍在画册上看到了自己的照片。而她的头像被印在人民币上，黄其萍当时却并不知道。1982年，黄其萍回到湖南，在湖南省民族事务委员会任职。1983年，中央民族文化宫负责人江峰出差经过湖南，专程看望了黄其萍，并给她带来一份特别的礼物——一张崭新的1980年版2角人民币，黄其萍这才知道自己的头像居然上了人民币，2角券正面左边的人物便是她（图5-16）。

图5-16　2角券上的土家族女子黄其萍

3. 第四套人民币1元券上的侗家女子石奶引

第四套人民币1元纸币上的头像是两名少女，其中一名为侗家女子装束打扮，她是贵州从江县庆云乡佰你村村民石奶引少女时代的头像。

图5-17 1元券上的侗家女子
石奶引

石奶引原名石婢学，1961年出生于庆云乡寨锦村七组。少年时代的石奶引是寨锦村的一朵花，留着一头飘逸的长发，处处表现出山村少女的活泼、健康、美丽。当年侗寨"一枝花"，一不留神成了"名人"。

几年前，有人拿着一张1元人民币，找到石奶引，指着钱币上的头像对她说，这女孩跟她特别像，石奶引当时没在意。后来，说的人多了，就引起了她的注意，她端详着画面上的女孩，该女孩的面部朝向启发了她，使她想起了很多年以前的一件事。

大约是在1978年，石奶引只有16岁。一天，她和村子里的伙伴们身着侗族盛装，去从江县洛香镇赶集，街上热闹非凡，石奶引和姐妹们挤在一个小摊位前购买做刺绣用的针线，突然有人从背后拉了她一把，石奶引吓了一跳，转头一看，是个陌生男子，他满面笑容，旁边还站着两个人。

该男子示意她走出来，脸朝侧面站定，石奶引走出人群，依照对方的要求站定，心中充满了疑惑。这名男子随即拿出笔和画夹，挥舞起来。也不知过了多久，对方放下笔，瞧瞧画夹，又瞧瞧她的脸孔，脸上露出了满意的笑容。

回到家后，石奶引没有把这事告知父母，也没有告诉其他任何人，而且很快就忘记了这件事情。"要不是后来有人说钱上的女孩像我，这件事我恐怕就记不起来了。"石奶引说。

2007年，经过当地有关部门的调查，确认第四套人民币1元纸币上的侗家女子便是少女时期的石奶引，此事在当地引起了极大的反响。

石奶引家共有六兄妹，三男三女，她是老大，家里兄妹多，没有读过书。前些年村里搞扫盲活动，她才学了些文化。

故事三：第四套人民币收藏热点

第四套人民币文化艺术的收藏热点，主要有大全套、首发冠、币王8050、"天蓝冠"、连体钞、关门币等。

1.人民币大全套

人民币大全套收藏（即完整地收藏一套票面齐全的人民币）起源于民间，所谓的完美无缺是人民币大全套收藏的标准。

中国人民银行授权康银阁钱币公司，将第四套人民币装帧成人民币艺术品投放市场，即《第四套人民币大全套》。

一套完整的人民币大全套就是一段记录货币发行的完整历史。它反映了社会文化艺术的发展变化、科学技术的创新、经济的不断发展，国家的政治纲领、方针政策与发展方向，以及人民生活水平的不断提高等全面真实的社会历史。

2.首发冠

首发冠，顾名思义就是纸币首先发行的第一个冠字号。一、二、三套人民币的首发冠字是罗马数字"ⅠⅡⅢ"，也就是阿拉伯数字 "123"，寓意一步一个台阶，步步高升。 第四套人民币的首发冠字是CP，是"中国共产党"的英文缩写，寓意党领导一切。收藏首发冠人民币文化艺术品，也是从第四套人民币的冠字改变开始的。第四套人民币的首发冠字的变更，引起了人民币收藏爱好者对首发冠人民币收藏的高度重视。

3.币王8050

第四套人民币币王是8050（1980年版的50元券）。8050共发行了24个冠字号，于1987年4月27日投放流通。8050的自身价值已在市场上狂飙了60倍，这些无不彰显着8050的王者风范。

4.变异版"天蓝冠"

第四套人民币的"天蓝冠"，于2007年底被钱币爱好者发现。"天蓝冠"是第四套人民币的变异版人民币，因为第四套人民币中的1980年版50元、1980年版1元两个票面的部分冠字及冠字后面的阿拉伯数字编码呈现蓝色，因此被称为"天蓝冠"。

"天蓝冠"在人民币艺术品市场极受青睐。人们说"天蓝冠犹如雨后的蓝天，又像湛蓝的大海，看上去非常舒服，非常漂亮"，特别是1980年版1元券"天蓝冠"，燕子桃花红和花瓣的滴血红，在荧光灯下很艳丽。产生801"天蓝冠"（指1980年版1元纸币中的"天蓝冠"）的冠字有4个冠号：CP、CQ、CR、JZ（JZ025字头以下是天蓝补号），存世量不到10万张，升值潜力不可估量。

5.连体钞

人民币文化艺术品连体钞构想的产生，是受到了邮票文化艺术连体邮票的启发。第四套人民币投放发行人民币文化艺术连体钞在中国人民币印刷史上尚属首创。主要有： 四连体1980年版1角、1980年版2角、1980年版5角、1980年版1元、1980年版2元、1980年版5元和1980年版10元，四连体钞发行量为40万套。 1980年版100元、1980年版50元、1990年版100元和1990年版50元，四连体钞发行量为20万套。长城公司1-10元与1-100元，四连体钞发行量为20万套。康银阁四连体钞大全套发行量为10万套。长城公司1-10元八连体钞发行量为10万套。人民币整版连体钞（俗称"大炮筒"）发行量为1万套。

6.关门币

为了适应改革开放经济发展的需要，第四套人民币新增了100元、50元票面，没有发行纸分币。这说明纸分币基本丧失流通、使用价值，已不适应社会经济的发展需要。几年后，第五套人民币1999年版面市（6张票面），取缔了2元票面，没有辅币，这反映了20世纪末辅币基本丧失流通、使用价值，辅币也不再适应社会经济的发展需要。1987年到1999年，仅仅12年时间，也就是一个经济增长周期，从纸分币的消失再到辅币的减少，真实地反映了经济发展的迅猛势头。

第四套人民币的关门币票面有1980年版2元、1990年版的2元、1980年版5角、1980年版2角和1980年版1角。

第三节 第四套人民币特征及票样——角

一、第四套人民币1980版1角高山族、满族头像

（一）基本信息（表5-1）

表5-1 第四套人民币1980版1角高山族、满族头像基本信息

名　　称	高山族、满族头像	面　　值	1角
发行时间	1988年9月22日	停用时间	流通中
票面尺寸	115mm×52mm	字冠号码	两字冠、八号码，三字冠、七号码
正面图案	高山族和满族男子头像，主色为深棕色	背面图案	国徽、民族织锦图案，汉、维、蒙、藏、壮和盲文及汉语拼音共七种文字，主色为深棕色
印刷工艺	胶印四色	票面底纹	几何网纹

（二）特点

（1）两冠字采用两位大写英文字母（26个字母除去V，剩下25个字母），它们自由组合，或者自己与自己组合，共625种组合方式。

（2）无水印。

（3）未发现暗记。

（4）背面印有"1980"年号。

图片鉴赏如下（图5-17、图5-18）。

图5-17 第四套人民币1980年1角高山族、满族头像正面

图5-18 第四套人民币1980年1角高山族、满族头像背面

二、第四套人民币1980版2角布依族、朝鲜族头像

（一）基本信息（表5-2）

表5-2　第四套人民币1980版2角布依族、朝鲜族头像基本信息

名　　称	布依族、朝鲜族头像	面　　值	2角
发行时间	1988年5月10日	停用时间	2004年12月1日开始只收不付，2018年5月1日停用
票面尺寸	120mm×55mm	字冠号码	两字冠、八号码，三字冠、七号码
正面图案	布依族和朝鲜族女子头像，主色为蓝黑色	背面图案	国徽、民族织锦图案，汉、维、蒙、藏、壮和盲文及汉语拼音共七种文字
印刷工艺	胶印四色	票面底纹	几何网纹

（二）特点

（1）1980版2角券从发行至今共发现投放有242个冠字号，分为三大组（每个冠号的理论发行量为1亿张）。自2002年开始，2角券再没有出现过新的冠字号。

（2）无水印。

（3）未发现暗记。

（4）背面印有"1980"年号。

（5）在第五套人民币中，2角券、2元券被取消，故2角券已成为人民币券种中的绝版。

图片鉴赏如下（图5-19、图5-20）。

图5-19　第四套人民币1980年2角布依族、朝鲜族头像正面

图5-20　第四套人民币1980年2角布依族、朝鲜族头像背面

三、第四套人民币1980版5角壮族、苗族头像

（一）基本信息（表5-3）

表5-3　第四套人民币1980版5角壮族、苗族头像基本信息

名　　称	壮族、苗族头像	面　　值	5角
发行时间	1987年4月27日	停用时间	流通中
票面尺寸	125mm×58mm	字冠号码	两字冠、八号码，三字冠、七号码
正面图案	苗族和壮族女子头像，主色为紫红色	背面图案	国徽、民族织锦图案，汉、维、蒙、藏、壮和盲文及汉语拼音共七种文字
印刷工艺	胶印四色	票面底纹	几何网纹

（二）特点

（1）5角纸币分为两个品种，二冠字和三冠字。二冠字的是与第四套人民币一同发行的，三冠字的是在后期与第五套人民币2005版同时印刷的。

（2）无水印。

（3）未发现暗记。

（4）背面印有"1980"年号。

图片鉴赏如下（图5-21、图5-22）。

图5-21　第四套人民币1980年5角壮族、苗族头像正面

图5-22　第四套人民币1980年5角壮族、苗族头像背面

第四节　第四套人民币特征及票样——元

一、第四套人民币1980版1元侗族、瑶族头像

（一）基本信息（表5-4）

表5-4　第四套人民币1980版1元侗族、瑶族头像基本信息

名　　称	侗族、瑶族头像	面　　值	1元
发行时间	1988年5月10日	停用时间	2018年5月1日
票面尺寸	140mm×63mm	字冠号码	两字冠、八号码
正面图案	侗族和瑶族女子头像，左边是燕子桃花图，主色为深红色	背面图案	万里长城图景，汉、维、蒙、藏、壮和盲文及汉语拼音共七种文字
印刷工艺	凹印工艺（1980年版）；正面凹印工艺印刷、背面胶印工艺（1990年版）；双胶印刷工艺（1996年版）	票面底纹	几何网纹

（二）特点

（1）1元券共有1980年版、1990年版、1996年版三个版别，其中1980年版1元券发行了159种冠号，1990年版1元券（1995年3月1日发行）发行了148种冠号，1996年版1元券（1997年4月1日发行）发行了302种冠号。

（2）1980年版、1990年版1元券为方圆谷钱四方连续水印，1996年版1元券为国旗五角星水印。

（3）1980年版背面印有"1980"年号，1990年版背面印有"1990"年号，1996年版背面印有"1996"年号。

图片鉴赏如下（图5-23、图5-24）。

图5-23　第四套人民币1996年版1元侗族、瑶族头像正面

图5-24　第四套人民币1996年版1元侗族、瑶族头像背面

二、第四套人民币1980版2元维吾尔族、彝族头像

（一）基本信息（表5-5）

表5-5　第四套人民币1980版2元维吾尔族、彝族头像基本信息

名　　称	维吾尔族、彝族头像	面　　值	2元
发行时间	1988年5月10日	停用时间	2018年5月1日
票面尺寸	145mm×63mm	字冠号码	两字冠、八号码
正面图案	维吾尔族和彝族妇女头像，左边是绶鸟翠竹图，主色为绿色	背面图案	海南的"南天一柱"图景，汉、维、蒙、藏、壮和盲文及汉语拼音共七种文字
印刷工艺	凹印工艺（1980年版）；正面凹印工艺印刷、背面胶印工艺（1990年版）	票面底纹	几何网纹

（二）特点

（1）2元券共有1980年版、1990年版两个版别，其中1980年版2元券共发现54种冠号；1990年版2元券（1996年4月10日发行）有133种冠号。

（2）方圆谷钱四方连续水印。

（3）无明显暗记。

（4）1980年版背面印有"1980"年号，1990年版背面印有"1990"年号。

图片鉴赏如下（图5-25、图5-26）。

图5-25　第四套人民币1990年版2元维吾尔族、彝族头像正面

图5-26　第四套人民币1990年版2元维吾尔族、彝族头像背面

三、第四套人民币1980版5元藏族、回族头像

（一）基本信息（表5-6）

表5-6 第四套人民币1980版5元藏族、回族头像基本信息

名　称	藏族、回族头像	面　值	5元
发行时间	1988年9月22日	停用时间	2018年5月1日
票面尺寸	150mm×70mm	字冠号码	两字冠、八号码
正面图案	藏族和回族男子头像，左边是仙鹤劲松图，主色为棕色	背面图案	长江巫峡图景，汉、维、蒙、藏、壮和盲文及汉语拼音共七种文字
印刷工艺	四印工艺	票面底纹	几何网纹

（二）特点

1.5元券只有1980年版，共发行了264种冠号。

2.方圆谷钱四方连续水印。

3.背面印有"1980"年号。

图片鉴赏如下（图5-27、图5-28）。

图5-27 第四套人民币5元藏族、回族头像正面

图5-28 第四套人民币5元藏族、回族头像背面

四、第四套人民币1980版10元汉族、蒙古族头像

（一）基本信息（表5-7）

表5-7　第四套人民币1980版10元汉族、蒙古族头像基本信息

名　　称	汉族、蒙古族头像	面　　值	10元
发行时间	1988年9月22日	停用时间	2018年5月1日
票面尺寸	155mm×70mm	字冠号码	两字冠、八号码
正面图案	汉族和蒙古族男子头像，左边是凤凰牡丹图，主色为黑蓝色	背面图案	珠穆朗玛峰图景，汉、维、蒙、藏、壮和盲文及汉语拼音共七种文字
印刷工艺	凹印工艺	票面底纹	几何网纹

（二）特点

（1）10元券只有1980年版，共发行了401种冠号。

（2）农民头像固定水印。

（3）背面印有"1980"年号。

图片鉴赏如下（图5-29、图5-30）。

图5-29　第四套人民币10元汉族、蒙古族头像正面

图5-30　第四套人民币10元汉族、蒙古族头像背面

五、第四套人民币1980版50元工人、农民、知识分子群像

（一）基本信息（表5-8）

表5-8　第四套人民币1980版50元工人、农民、知识分子群像基本信息

名　　称	工人、农民、知识分子群像	面　　值	50元
发行时间	1987年4月27日	停用时间	2018年5月1日
票面尺寸	160mm×77mm	字冠号码	两字冠、八号码
正面图案	工人、农民和知识分子头像，主色为黑茶色	背面图案	黄河壶口瀑布图景，汉、维、蒙、藏、壮和盲文及汉语拼音共七种文字
印刷工艺	凹印工艺	票面底纹	几何网纹

（二）特点

（1）50元券有1980年版和1990年版两个版别，其中1980年版有24个冠号，1990年版（1992年8月20日发行）有169个冠号。

（2）工人头像固定水印。

（3）无明显暗记。

（4）1980年版背面印有"1980"年号，1990年版背面印有"1990"年号。

图片鉴赏如下（图5-31、图5-32）。

图5-31　第四套人民币1990年版50元工人、农民、知识分子群像正面

图5-32　第四套人民币1990年版50元工人、农民、知识分子群像背面

六、第四套人民币1980版100元四位领袖浮雕头像

（一）基本信息（表5-9）

表5-9　第四套人民币1980版100元四位领袖浮雕头像基本信息

名　称	四位领袖浮雕头像	面　值	100元
发行时间	1988年5月10日	停用时间	2018年5月1日
票面尺寸	165mm×77mm	字冠号码	两字冠、八号码
正面图案	毛泽东、周恩来、刘少奇和朱德四大伟人头像，浮雕系司徒兆光先生创作，中央美院侯一民教授绘画，雕刻家苏席华精心雕刻成人民币凹版，十分精美，主色为蓝黑色	背面图案	井冈山主峰图景，汉、维、蒙、藏、壮和盲文及汉语拼音共七种文字
印刷工艺	凹印工艺	票面底纹	几何网纹

（二）特点

（1）100元券有1980年版和1990年版两个版别，其中1980年版有16个冠号，1990年版（1992年8月20日发行）有204个冠号。

（2）毛泽东侧面头像固定水印。

（3）背面印有"1980"年号。

图片鉴赏如下（图5-33、图5-34）。

图5-33　第四套人民币1990年版100元四位领袖浮雕头像正面

图5-34　第四套人民币1990年版100元四位领袖浮雕头像背面

附3　第四套人民币金属硬币一览表

附表3　第四套人民币硬币一览表

券　别	图　案		材　质	直　径	发行时间
	正　面	背　面			
1元硬币	国徽、国名、汉语拼音、年号	牡丹花、面额	钢芯镀镍	25毫米	1992-06-01
5角硬币	国徽、国名、汉语拼音、年号	梅花、面额	铜锌合金	20.5毫米	1992-06-01
1角硬币	国徽、国名、汉语拼音、年号	菊花、面额	铝镁合金	22.5毫米	1992-06-01

第六章　第五套人民币解读

〖第五套人民币导读〗

1999年10月1日，在中华人民共和国成立50周年之际，根据中华人民共和国国务院令第268号，中国人民银行陆续发行第五套人民币（1999年版），与第四套人民币等值。纸币共有6种面额：100元、50元、20元、10元、5元和1元（图6-1）；硬币共有3种面额：1元、5角、1角。第五套人民币根据市场流通中低面额主币实际起大量承担找零角色的状况，增加了20元面额，取消了2元面额，使面额结构更加合理。

图6-1　第五套人民币

第五套人民币采取"一次公布，分次发行"的方式。1999年10月1日，首先发行了100元纸币、1元和1角硬币；2000年10月16日发行了20元纸币；2001年9月1日，发行了50元、10元纸币；2002年11月18日，发行了5元纸币、5角硬币；2004年7月30日，发行了1元纸币。

为提高第五套人民币的印刷工艺和防伪技术水平，经国务院批准，中国人民银行于2005年8月31日发行了第五套人民币2005年版100元、50元、20元、10元、5元纸币和不锈钢材质1角硬币。2015年11月12日，再次发行了2015年版第五套人民币100元纸币。2019年4月29日，中国人民银行宣布于2019年8月30日起发行2019年版第五套人民币50元、20元、10元、1元纸币和1元、5角、1角硬币。

第五套人民币在防伪性能和适应货币处理现代化方面有了较大提高。各面额货币正面均采用毛泽东主席在建国初期的头像，底衬采用了中国著名花卉图案，背面主景图案选用有代表性的、具有民族特色的图案，充分反映了我国悠久的历史和壮丽的山河景色，弘扬了我国伟大的民族文化。

第一节　第五套人民币概述

一、第五套人民币的发行历史背景

随着改革开放的不断深入，我国政治稳定，经济持续、快速、健康发展，国际地位显著提高，人们对人民币的数量和质量、总量与结构都提出了新的要求。货币制度需要随着经济发展变化的时机情况进行适时调整，再加上第四套人民币的设计、印制处于改革开放之初，由于当时条件有限，因此第四套人民币存在一些不足之处，如防伪措施简单，不利于人民币的反假；缺少机读性能，不利于钞票自动化处理等。因此，发行第五套人民币势在必行。 1989年8月14日，中国印钞造币总公司召开了第五套人民币设计领导小组会议，会议议定了新版人民币的主题，研究了纸张、油墨、印刷及拟采用的防伪措施。同年8月18日，中国印钞造币总公司向中国人民银行提交了《关于第五套人民币设计主题思想和内容的请示》，在《关于第五套人民币设计印制建议书》中提出了第五套人民币要充分地体现现代钞票的特点，加强货币防伪能力，适应银行业务、电脑化使用、自动货币处理系统的需要，做到艺术与技术、传统与创新、专家意见与群众意见的统一，专业性防伪与群众性防伪相结合、反映中华民族悠久的文化艺术，反映现代科学技术的新成就、新水平等相关建议。

二、第五套人民币的特点

（1）**独立设计并印制**。第五套人民币是由中国人民银行首次完全独立设计与印制的货币，其印制技术已达到了国际先进水平。

（2）**具有鲜明的民族性**。第五套人民币通过有代表性的图案，进一步体现我们伟大祖国悠久的历史和壮丽的山河。

（3）**便于识别**。第五套人民币的主景人物、水印、面额数字均较以前放大，尤其突出了阿拉伯数字表示的面额，以便于群众识别。

（4）**科技含量较高**。第五套人民币应用了先进的科学技术，在防伪性能和适应货币处理现代化方面有了较大提高，是一套科技含量较高的人民币。

（5）对票幅尺寸、面额结构做了调整。第五套人民币对票幅尺寸进行了调整，票幅宽度未变，长度缩小。另外，第五套人民币的面额结构也在前四套人民币基础上做了一些调整，取消了2元券和2角券，增加了20元券。

三、第五套人民币的设计特征

第五套人民币实现了"高防伪、能机读、方便流通、有利于反假"的设计目标。在设计理念上，强调政治性、艺术性、防伪性的协调统一，同时还增强了人性化的设计理念，强调货币的流通性，如大头像、大面额数字、大水印的采用，有利于公众的识别。在防伪反假方面，第五套人民币继承了中国印制技术的传统经验，借鉴了国外钞票设计的先进技术。与第四套人民币相比，第五套人民币的防伪技能由十几种增加到二十多种，主景人像、水印、面额数字均较以前放大，便于群众识别。在原材料工艺方面也做了改进，提高了纸张的综合质量和防伪性。固定水印立体感强、形象逼真。磁性微文字安全线、彩色纤维、无色荧光纤维等在纸张中有机运用，并且采用了电脑辅助设计手工雕刻、电子雕刻和晒版腐蚀相结合的综合制版技术。特别是在二线和三线防伪方面，采用了国际通用的防伪措施，为专业人员和研究人员鉴别真伪提供了条件。

第五套人民币的票面结构具有鲜明的中国特色。全部票面采用一个主景，这在人民币的设计中是第一次，即各面额货币正面均采用毛泽东主席在建国初期的头像，底衬采用了中国著名花卉图案，喻示着国家欣欣向荣。背面主景图案选用最有代表性的建筑和祖国的壮丽山河，辅之具有代表性的民族装饰花纹，整个票面体现出了极强的中国文化特色。

四、第五套人民币版别防伪信息

第五套人民币到目前为止有四个版别，分别是1999年版、2005年版、2015年版和2019年版。

1.1999年版与2005年版第五套人民币主要防伪信息与区别

相同之处：1999年版与2005年版第五套人民币同面额纸币的纸币规格、主景图案、主色调、"中国人民银行"行名和汉语拼音行名、面额数字、花卉图案、国徽、盲文面额标记、民族文字等相同。

　　不同之处：（1）2005年版第五套人民币100元、50元、20元、10元、5元纸币正面主景图案右侧增加凹印手感线，背面主景图案下方为面额数字和汉语拼音"YUAN"，年号为"2005年"；（2）2005年版第五套人民币100元、50元纸币正面左侧中间处、背面右侧中间处为胶印对印图案，左下角为光变油墨面额数字，上方为双色异形横号码；（3）2005年版第五套人民币100元、50元、20元纸币正面左下角增加白水印面额数字，20元纸币正面左下角和背面右下角增加胶印对印图案；（4）第五套人民币1角硬币材质由铝合金改为不锈钢，色泽为钢白色，其正背面图案、规格、外形与现行流通的第五套人民币1角硬币相同，即正面为"中国人民银行""1角"和汉语拼音字母"YI JIAO"及年号，背面为兰花图案及中国人民银行的汉语拼音字母"ZHONGGUO RENMIN YINHANG"，直径为19毫米。

　　2.2015年版100元纸币的主要防伪信息

　　票面中部增加光彩光变数字"100"，其下方团花中央花卉图案调整为紫色；取消左下角光变油墨面额数字，调整为胶印对印图案，其上方为双色横号码；正面主景图案右侧增加光变镂空开窗安全线和竖号码；右上角面额数字由横排改为竖排，并对数字样式进行了调整。另外，票面年号改为"2015年"；取消了右侧全息磁性开窗安全线和右下角防复印图案；调整了面额数字样式、票面局部装饰图案色彩和胶印对印图案及其位置。

　　3.2019年版第五套人民币主要防伪信息

　　与2005年版第五套人民币50元、20元、10元纸币和1999年版第五套人民币1元纸币相比，2019年版第五套人民币50元、20元、10元、1元纸币提高了票面色彩鲜亮度，优化了票面结构层次与效果。

　　50元纸币：正面中部面额数字调整为光彩光变面额数字"50"；调整装饰团花的样式；左侧增加装饰纹样，调整横号码、胶印对印图案的样式，取消左下角光变油墨面额数字；右侧增加动感光变镂空开窗安全线和竖号码，调整毛泽东头像、右上角面额数字的样式，取消凹印手感线。背面调整主景、面额数字、胶印对印图案的样式，取消全息磁性开窗安全线和右下角局部图案，年号改为"2019年"。

　　20元纸币：正面中部面额数字调整为光彩光变面额数字"20"；调整装

饰团花的样式，取消全息磁性开窗安全线；左侧增加装饰纹样，调整横号码、胶印对印图案的样式；右侧增加光变镂空开窗安全线和竖号码，调整毛泽东头像、右上角面额数字的样式，取消凹印手感线。背面调整主景、面额数字、胶印对印图案的样式，取消右下角局部图案，年号改为"2019年"。

10元纸币：正面中部面额数字调整为光彩光变面额数字"10"；调整装饰团花的样式，取消全息磁性开窗安全线；左侧增加装饰纹样，调整横号码、胶印对印图案的样式；右侧增加光变镂空开窗安全线和竖号码，调整毛泽东头像、右上角面额数字的样式，取消凹印手感线。背面调整主景、面额数字、胶印对印图案的样式，取消右下角局部图案，年号改为"2019年"。

1元纸币：正面中部调整面额数字、装饰团花的样式；左侧增加装饰纹样、面额数字白水印，调整横号码的样式，取消左下角装饰纹样；右侧调整毛泽东头像的样式，取消凹印手感线。背面调整主景、面额数字的样式，取消右下角局部图案，年号改为"2019年"。

2元硬币：与1999年版第五套人民币1元、5角硬币和2005年版第五套人民币1角硬币相比，2019年版第五套人民币1元、5角、1角硬币调整了正面面额数字的造型，背面花卉图案适当收缩。

1元硬币：直径由25毫米调整为22.25毫米。正面面额数字"1"轮廓线内增加隐形图文"￥"和"1"，边部增加圆点。

5角硬币：材质由钢芯镀铜合金改为钢芯镀镍，色泽由金黄色改为镍白色。正背面内周缘由圆形调整为多边形。

1角硬币：正面边部增加圆点。

第二节　第五套人民币背后的故事

故事一：第五套人民币上的背面风景名胜

1.人民币1元背面主景图——三潭印月（图6-2、图6-3）

人民币上的图案并非完全写实，摄影师所在角度只能拍到两座石塔。三潭印月为杭州西湖十景之一，位于西湖中部偏南，与湖心亭、阮公墩鼎足而立，合称"湖中三岛"，犹如我国古代传说中的蓬莱三岛，故又称小瀛洲。北宋时，三潭印月已成为湖上赏月佳处。明人张宁诗云："片月生沧海，三潭处处明。夜船歌舞处，人在镜中行。"

图6-2　第五套人民币1元背面

图6-3　三潭印月实景图

2.人民币5元背面主景图——泰山观日峰（图6-4、图6-5）

第五套人民币5元的背面图案是泰山，不过这个图案采用了空间"蒙太奇"手法，把"五岳独尊"的石刻和泰山主峰两个场景放到一起，在现实中是

图6-4　第五套人民币5元背面

图6-5　泰山观日峰实景图

看不到这样的景观的。泰山可以说是中国文化的第一高山，虽然它的海拔只有1546米，但却有极崇高的地位，历代帝王在此祭祀天空和大地，向世人宣布自己的皇权是顺应天道的。

3.人民币10元背面主景图——夔门（图6-6、图6-7）

夔门，在瞿塘峡入口处是长江三峡的西大门，又名"瞿塘关"，位于巍峨壮丽的白帝城下，是出入四川盆地的门户。从白帝城向东，便进入长江三峡中最西面的瞿塘峡，全长约8公里，在三峡中最短，却最为雄伟险峻。杜甫诗云："白帝高为三峡镇，瞿塘险过百牢关。"

图6-6 第五套人民币10元背面

图6-7 夔门实景图

4.人民币20元背面主景图——桂林山水（图6-8、图6-9）

"桂林山水甲天下。"国家的名片上怎么能少了这"天下第一"的风景？桂林是世界著名的风景游览城市，属于典型的喀斯特地貌，漓江水清澈秀丽，"山青、水秀、洞奇、石美"是桂林"四绝"。

图6-8 第五套人民币20元背面

图6-9 桂林山水实景图

5.人民币50元背面主景图——布达拉宫（图6-10、图6-11）

为了制作第五套人民币50元券背面的布达拉宫图案，上海印钞造币厂的两位高级美工到拉萨考察。他们寻找了很久，最终在一个水厂的厂房顶上找到"最佳角度"。他们先在这里拍照片、画素描图，经过反复修改和雕琢，最终设计出了人民币上的图案。

布达拉宫始建于公元7世纪，系藏王松赞干布为远嫁西藏的唐朝文成公主而建。松赞干布在拉萨海拔3700多米的红山上建造了999间房屋的宫宇，宫体主楼13层，高115米。

图6-10　第五套人民币50元背面

图6-11　西藏布达拉宫实景图

6.人民币100元背面主景图——人民大会堂（图6-12、图6-13）

第五套人民币100元券的背面图案为人民大会堂。人民大会堂位于天安门广场西侧，与国家博物馆遥相对望。纸币上的图案左侧有石柱，是站在国家博物馆看向对面的景象。人民大会堂曾出现在人民币的正面图案上，那是1966年发行的第三套人民币的10元券，图案是人民代表走出大会堂。

图6-12　第五套人民币100元背面

图6-13　人民大会堂实景图

故事二：第五套人民币收藏热点

（1）第五套人民币是目前正在流通的货币，对于一些特殊的号码，例如后三位同号的叫豹子号，后四位同号的叫狮子号，后五位同号的叫老虎号，后六位同号的叫大象号，还有皇帝号、首发号、关门号、整数号、纪念号、伟人号等，收藏价值比较高。第五套人民币百元钞豹子号藏品图（图6-14）被很多人民币收藏爱好者称为投资黑马。

（2）第五套人民币大全套。第五套人民币大全套珍藏册内有11张纸币，包括1999年发行与2005年发行的100元、50元、20元、10元、5元各1张，1999年版1元1张（2005年没有发行1元纸币）。一般第五套人民币大全套后四位号码同号（图6-15）。

图6-14　第五套人民币百元钞豹子号
（末三位相同）

图6-15　第五套人民币大全套

故事三：在第五套人民币上"作画"的画家刘文西

刘文西是一位在人民币上"作画"的画家。他1933年生于浙江省绍兴嵊县（现嵊州市），1958年从浙江美院毕业，从此开始了以人民生活、革命历史和黄土地为题材的绘画艺术生涯。从1957年第一次去陕北的40多年来，刘文西已去过58次，走遍了陕北26个县上千个村庄，结交了数百个农民朋友，画了两万多张速写，对那里的山山水水、乡里乡亲充满了深厚感情。他的作品描绘了陕北人民特有的个性和气质，以及陕北的革命历史和风土人情。大量的作品以独特的面貌和风采，在中国画坛上形成黄土画派。

学生时期的刘文西就很崇拜毛主席，他常对人说："毛主席很伟大。"正是因为对毛主席的热爱，几十年来他收藏了毛主席的许多照片。

刘文西的领袖情结，可谓挥之不散。他画毛泽东，也画刘少奇、周恩来、朱德，那幅挂在人民大会堂里的巨幅画图《东方》，4个伟人形神俱备，音容犹在。组画世纪伟人邓小平《与大海同在》《与祖国同在》《与人民同在》《春天》，更是充分展示了邓小平作为"中国改革开放总设计师"的崇高风范和人格魅力。

1997年，作为八届人大代表，刘文西在北京开会，当时中国银行正在设计第五套人民币。中国人民银行的有关人员就找到他，请他为新版人民币画像。他精心选照片，专心创作，这一画就是20多天，经过反复修改，方才定稿，并最后通过中央领导的审定。其实，目前使用的5元、10元、50元、100元上的毛泽东头像都出自他之手，但仔细看还是有些细微差别的。他说他最喜欢的还是100元的那一张。

故事四：中国人民银行就发行2019年版第五套人民币50元、20元、10元、1元纸币及1元、5角、1角硬币事宜答记者问

1.为什么要发行2019年版第五套人民币50元、20元、10元、1元纸币和1元、5角、1角硬币？

1999年10月，根据中华人民共和国国务院令第268号，中国人民银行发行了第五套人民币。2005年8月，为提升防伪技术和印制质量，中国人民银行发行了2005年版第五套人民币部分纸币、硬币。2015年11月，中国人民银行发行了新版100元纸币，其防伪能力和印制质量明显提升，受到了社会的广泛好评。迄今为止，50元、20元、10元、1元纸币和1元、5角、1角硬币已发行流通十多年。在此期间，现金流通情况发生巨大变化，现金自动处理设备快速发展，假币伪造形式多样化，货币防伪技术更新换代加快，这些都对人民币的设计水平、防伪技术和印制质量提出了更高要求。为适应人民币流通使用的发展变化，更好维护人民币信誉和持有人利益，提升人民币整体防伪能力，保持第五套人民币系列化，中国人民银行决定发行2019年版第五套人民币50元、20元、10元、1元纸币和1元、5角、1角硬币，在保持现行第五套人民币主图案等相关要素不变的前提下，对票（币）面效果、防伪特征及其布局等进行了调整，采用先进的防伪技术，提高防伪能力和印制质量，使公众和自助设备易于

识别。2019年版第五套人民币50元、20元、10元、1元纸币和1元、5角、1角硬币发行后，与同面额流通人民币等值流通。

2.为什么没有发行2019年版第五套人民币5元纸币？

中国人民银行在设计发行2019年版第五套人民币50元、20元、10元、1元纸币和1元、5角、1角硬币的同时，也在统筹推进5元纸币提升的研究工作。中国人民银行近年来持续加大货币印制新技术的研发力度，为提高人民币防伪能力和流通寿命，目前选择面额较低、流通量较小的5元纸币进行相关新技术的应用研究，其发行工作另作安排。

3.为什么将2019年版第五套人民币1元、5角、1角硬币正面面额数字改为斜体？

2019年版第五套人民币1元、5角、1角硬币调整了正面面额数字的造型，面额数字字体由衬线体调整为无衬线体并稍作倾斜处理。调整的主要考虑因素如下：

面额数字的字体由衬线体调整为无衬线体后，数字的字体简洁大方、更易识别，与相邻的面额拼音、人民币单位的字体字形更加协调统一，具有较强的时代感。面额数字造型作倾斜处理后，视觉效果更活泼、富有动感，更加突出和醒目；面额数字轮廓线的粗细变化，强化了数字造型的立体效果，进一步提升了识别性。

4.2019年版第五套人民币1元硬币为什么改变规格？

2019年版第五套人民币1元硬币直径由25毫米调整为22.25毫米。1元硬币规格调整后，直径缩小11%，便于公众携带使用。

5.2019年版第五套人民币5角硬币为什么改变材质？

2019年版第五套人民币5角硬币材质由1999年版第五套人民币5角硬币的钢芯镀铜合金改为钢芯镀镍。1999年版第五套人民币5角硬币采用的钢芯镀铜合金生产工艺，根据国家产业政策，属于拟淘汰的落后工艺。

6.硬币的版别如何定义？

为区分同面额不同版别的硬币，通常以该种硬币发行公告发布的年份作为该种硬币的版别。例如，将2019年公告发行的第五套人民币1元、5角、1角硬币称为2019年版第五套人民币1元、5角、1角硬币；将2005年公告发行的第五套人民币1角硬币称为2005年版第五套人民币1角硬币。需要说明的是，1999年版第五套人民币1元、5角、1角硬币是根据1999年中华人民共和国国务院令第268号决定发行的。硬币上的年份为硬币的生产年份，并非硬币的版别。

7.2019年版第五套人民币与现行第五套人民币纸币（2005年版50元、20元、10元纸币，1999年版1元纸币）、硬币（1999年版1元、5角硬币，2005年版1角硬币）的防伪技术和印制质量有哪些改进和提升？

与现行第五套人民币纸币（2005年版50元、20元、10元纸币，1999年版1元纸币）、硬币（1999年版1元、5角硬币，2005年版1角硬币）相比，2019年版第五套人民币的防伪技术和印制质量在多个方面进行了提升。

（1）纸币方面：2019年版第五套人民币50元、20元、10元、1元纸币与2015年版第五套人民币100元纸币的防伪技术及其布局形成系列化。在现行第五套人民币纸币（2005年版50元、20元、10元纸币，1999年版1元纸币）防伪技术的基础上，50元、20元、10元纸币增加光彩光变面额数字、光变镂空开窗安全线、磁性全埋安全线、竖号码等防伪特征，取消全息磁性开窗安全线和凹印手感线，50元纸币取消光变油墨面额数字，1元纸币增加磁性全埋安全线和白水印。总体看，应用的防伪技术更加先进，布局更加合理，整体防伪能力较现行纸币有明显提升。

①光彩光变面额数字。光彩光变技术是国际印钞领域公认的先进防伪技术，易于公众识别。2019年版第五套人民币50元、20元、10元纸币票面中部印有光彩光变面额数字，改变钞票观察角度，面额数字颜色出现变化，并可见一条亮光带上下滚动。

②光变镂空开窗安全线。光变镂空开窗安全线具有颜色变化和镂空文字特征，易于公众识别，是一项常用的公众防伪特征。2019年版50元纸币采用动感光变镂空开窗安全线，改变钞票观察角度，安全线颜色在红色和绿色之间变化，亮光带上下滚动；透光观察可见"￥50"字样。2019年版20元、10元纸币采用光变镂空开窗安全线，与2015年版100元纸币类似，改变钞票观察角度，安全线颜色在红色和绿色之间变化；透光观察，20元纸币可见"￥20"字样，10元纸币可见"￥10"字样。

③其他措施。2019年版第五套人民币纸币还采取了其他多种措施提升防

伪技术和印制质量。例如，水印清晰度和层次效果明显提升；钞票纸强度显著提高，流通寿命更长；纸币两面采用抗脏污保护涂层，整洁度明显改善；延续2015年版第五套人民币100元纸币冠字号码字形设计，有利于现金机具识别。

（2）硬币方面：2019年版第五套人民币1元硬币保持1999年版第五套人民币1元硬币外缘滚字不变，增加隐形图文特征，防伪性能明显提升，公众更易于识别真伪。

①隐形图文。隐形图文雕刻技术是国际造币领域公认的先进公众防伪技术，公众容易识别。在2019年版第五套人民币1元硬币正面面额数字轮廓内有一组隐形图文"¥"和"1"。转动硬币，从特定角度可以观察到"¥"，从另一角度可以观察到"1"。

②其他措施。2019年版第五套人民币硬币还采取了其他措施提升印制质量。例如，5角硬币材质由钢芯镀铜合金改为钢芯镀镍，抗变色性能明显提升，正背面内周缘由圆形调整为多边形，方便特殊群体（弱视）识别。

8.中国人民银行在现金机具识别新版人民币方面做了哪些准备？

对于银行现金机具，中国人民银行已组织金融机构及现金机具企业开展升级筹备工作，确保发行后银行现金机具可识别新版人民币。公告日后，中国人民银行将启动银行在用现金机具升级并适时开展检查工作，无法升级及升级未达标的现金机具将全部停用。对于社会商用现金机具，将在公告日后，立即引导社会现金机具企业参与升级，公布具备升级能力的企业名单，引导社会机具用户联系企业及时开展升级。会同市场监管总局、交通管理部门等有关单位，着重就其管理范围内的机具进行升级。发行日前，组织中国人民银行分支机构开展社会商用现金机具摸底清查工作。如有必要，发布风险提示，提醒公众防范因机具未升级导致的误识风险，并建议公众学习掌握新版人民币鉴别知识，进行人工识别。

第三节　第五套人民币特征及票样——元

一、第五套人民币1元

（一）基本信息（表6-1）

表6-1　第五套人民币1元基本信息

名　称	毛泽东头像	面　值	1元
发行时间	2004年7月30日	停用时间	流通中
票面尺寸	130mm×63mm	字冠号码	两字冠、八号码
正面图案	毛泽东头像，左侧为"中国人民银行"、阿拉伯数字"1""壹圆"字样和花卉图案，左上角为中华人民共和国国徽图案，左下角印有双色横号码，右下角为盲文面额标记，主色为橄榄绿色	背面图案	杭州西湖三潭印月图景，左上方印有阿拉伯数字"1"，左下方印有面额"1 YUAN"，右上方为"中国人民银行"汉语拼音和蒙、藏、维、壮四种民族文字的"中国人民银行"字样、面额，右下方为年号和"行长之章"印鉴
印刷工艺	雕刻凹版印刷，正面主景为毛泽东头像、"中国人民银行"行名、面额数字、盲文面额标记等均采用雕刻凹版印刷，用手指触摸有明显凹凸感	票面底纹	几何网纹

（二）特点

（1）1元券有1999年版和2019年版两个版别。

（2）固定花卉水印：位于正面左侧空白处，迎光透视，可以看到立体感很强的兰花水印。

（3）手工雕刻头像：正面主景为毛泽东头像，采用手工雕刻凹版印刷工

艺，形象逼真、传神，凹凸感强，易于识别。

（4）隐形面额数字：正面右上方有一装饰图案，将票面置于与眼睛接近平行的位置，面对光源作上下倾斜晃动，可看到面额数字"1"字样。

（5）胶印缩微文字：背面下方"1 YUAN"与"1999年"之间有一条"微缩文字组成的条纹"，为"RMB 1"加上一条"人民币"的字样，再加上一条"浪卷纹"组成。该条纹的设计与其他券种的不同之处是其他券种有多行。

（6）双色横号码：正面左下角印有双色横号码，左侧部分为红色，右侧部分为黑色。

1999年版1元券图片鉴赏及防伪标志如下（图6-16、图6-17）。

图6-16　第五套人民币1999年版1元正面

图6-17　第五套人民币1999年版1元背面

　　2019年版1元券防伪信息：正面左侧增加面额数字白水印，取消左下角装饰纹样。

　　2019年版1元券图片鉴赏如下（图6-18、图6-19）。

图6-18　第五套人民币2019年版1元正面

图6-19　第五套人民币2019年版1元背面

二、第五套人民币5元

（一）基本信息（表6-2）

表6-2　第五套人民币5元基本信息

名　　称	毛泽东头像	面　　值	5元
发行时间	2002年11月18日	停用时间	流通中
票面尺寸	135mm×63mm	字冠号码	两字冠、八号码
正面图案	毛泽东头像，左侧为"中国人民银行"、阿拉伯数字"5""伍圆"字样和花卉图案，左上角为中华人民共和国国徽图案，左下角印有双色横号码，右下角为盲文面额标记，主色为紫色	背面图案	泰山图景，左上方印有阿拉伯数字"5"，左下方印有面额"5 YUAN"，右上方为"中国人民银行"汉语拼音和蒙、藏、维、壮四种民族文字的"中国人民银行"字样、面额，右下方为年号和"行长之章"印鉴
印刷工艺	雕刻凹版印刷，正面主景毛泽东头像、"中国人民银行"行名、面额数字、盲文面额标记等均采用雕刻凹版印刷，用手指触摸有明显凹凸感	票面底纹	几何网纹

（二）特点

（1）5元券共有1999版和2005版两个版别。其中，2005版是2005年8月31日发行的。

（2）固定花卉水印：位于正面左侧空白处，迎光透视，可以看到立体感很强的水仙水印。

（3）磁性缩微文字安全线：钞票纸中有一条明暗相间的全息磁性开窗安全线，迎光透视，可以看到缩微文字"￥5"字样，仪器检测有磁性。

（4）手工雕刻头像：正面主景为毛泽东头像，采用手工雕刻凹版印刷工

艺，形象逼真、传神，凹凸感强，易于识别。

（5）隐形面额数字：正面右上方有一装饰图案，将票面置于与眼睛接近平行的位置，面对光源作平面旋转45度或90度角晃动，可看到面额数字"5"字样。

（6）胶印缩微文字：背面下方"5 YUAN"与"2005年"之间胶印图案中，印有缩微文字"RMB5"和"人民币"字样共四行。

（7）双色横号码：正面左下角印有双色横号码，左侧部分为红色，右侧部分为黑色。

（8）白水印：位于正面双色横号码下方，迎光透视，可以看到透光性很强的水印"5"字样。

2005年版5元券图片鉴赏及防伪标志如下（图6–20、图6–21）。

图6-20 第五套人民币2005年版5元正面

图6-21 第五套人民币2005年版5元背面

三、第五套人民币10元

（一）基本信息（表6-3）

表6-3　第五套人民币10元基本信息

名　称	毛泽东头像	面　值	10元
发行时间	2001年9月1日	停用时间	流通中
票面尺寸	140mm×70mm	字冠号码	两字冠、八号码
正面图案	毛泽东头像，左侧为"中国人民银行"、阿拉伯数字"10""拾圆"字样和花卉图案，左上角为中华人民共和国国徽图案，左下角印有双色横号码，右下角为盲文面额标记，主色为蓝黑色	背面图案	长江三峡夔门图景，左上方印有阿拉伯数字"10"，左下方印有面额"10 YUAN"，右上方为"中国人民银行"汉语拼音和蒙、藏、维、壮四种民族文字的"中国人民银行"字样、面额，右下方为年号和"行长之章"印鉴
印刷工艺	雕刻凹版印刷，正面主景毛泽东头像、"中国人民银行"行名、面额数字、盲文面额标记等均采用雕刻凹版印刷，用手指触摸有明显凹凸感	票面底纹	几何网纹

（二）特点

（1）10元券共有1999版和2005版两个版别。其中，2005版是2005年8月31日发行的。

（2）固定花卉水印：位于正面左侧空白处，迎光透视，可以看到立体感很强的月季花水印。

（3）磁性缩微文字安全线：钞票纸中有一条明暗相间的全息磁性开窗安全线，迎光透视，可以看到缩微文字"￥10"字样，仪器检测有磁性。

（4）手工雕刻头像：正面主景为毛泽东头像，采用手工雕刻凹版印刷工艺，形象逼真、传神，凹凸感强，易于识别。

（5）隐形面额数字：正面右上方有一装饰图案，将票面置于与眼睛接近平行的位置，面对光源作平面旋转45度或90度角晃动，可看到面额数字"10"字样。

（6）胶印缩微文字：背面下方"10 YUAN"与"2005年"之间胶印图案中，印有缩微文字"RMB10"和"人民币"字样共四行。

（7）阴阳互补对印图案：票面正面左下方和背面右下方均有圆形局部图案，迎光观察，正背图案重合并组成一个完整的古钱币图案。

（8）双色横号码：正面左下角印有双色横号码，左侧部分为红色，右侧部分为黑色。

（9）白水印：位于正面双色横号码下方，迎光透视，可以看到透光性很强的水印"10"字样。

2005年版10元券图片鉴赏及防伪标志如下（图6-22、图6-23）。

图6-22　第五套人民币2005年版10元正面

图6-23　第五套人民币2005年版10元背面

　　2019年版10元券防伪信息：正面中部面额数字分别调整为光彩光变面额数字"10"，取消全息磁性开窗安全线，调整左侧胶印对印图案，右侧增加光变镂空开窗安全线和竖号码。

　　2019年版10元券图片鉴赏如下（图6-24、图6-25）。

图6-24　第五套人民币2019年版10元正面

图6-25　第五套人民币2019年版10元背面

四、第五套人民币20元

（一）基本信息（表6-4）

表6-4 第五套人民币20元基本信息

名　称	毛泽东头像	面　值	20元
发行时间	2000年10月16日	停用时间	流通中
票面尺寸	145mm×70mm	字冠号码	两字冠、八号码
正面图案	毛泽东头像，左侧为"中国人民银行"、阿拉伯数字"20""贰拾圆"字样和花卉图案，左上角为中华人民共和国国徽图案，左下角印有双色横号码，右下角为盲文面额标记，主色为棕色	背面图案	桂林山水图景，左上方印有阿拉伯数字"20"，左下方印有面额"20 YUAN"，右上方为"中国人民银行"汉语拼音和蒙、藏、维、壮四种民族文字的"中国人民银行"字样、面额，右下方为年号和"行长之章"印鉴
印刷工艺	雕刻凹版印刷，正面主景毛泽东头像、"中国人民银行"行名、面额数字、盲文面额标记等均采用雕刻凹版印刷，用手指触摸有明显凹凸感	票面底纹	几何网纹

（二）特点

（1）20元券共有1999版和2005版两个版别。其中，2005版是2005年8月31日发行的。

（2）固定花卉水印：位于正面左侧空白处，迎光透视，可以看到立体感很强的荷花水印。

（3）红、蓝彩色纤维：在1999年版的票面上，可看到纸张中有红色和蓝色纤维。2005年版取消了红、蓝彩色纤维。

（4）磁性缩微文字安全线：钞票纸中有一条明暗相间的全息磁性开窗安全线，迎光透视，可以看到缩微文字"￥20"字样，仪器检测有磁性。

（5）手工雕刻头像：正面主景为毛泽东头像，采用手工雕刻凹版印刷工艺，形象逼真、传神，凹凸感强，易于识别。

（6）隐形面额数字：正面右上方有一装饰图案，将票面置于与眼睛接近平行的位置、面对光源作平面旋转45°或90°晃动，可看到面额数字"20"字样。

（7）胶印缩微文字：背面下方"20 YUAN"与"2005年"之间胶印图案中，印有缩微文字"RMB20"和"人民币"字样共四行。

（8）阴阳互补对印图案：票面正面左下方和背面右下方均有圆形局部图案，迎光观察，正背图案重合并组成一个完整的古钱币图案。

（9）双色横号码：正面左下角印有双色横号码，左侧部分为红色，右侧部分为黑色。

（10）白水印：位于正面双色横号码下方，迎光透视可以看到透光性很强的水印"20"字样。

2005年版20元券图片鉴赏及防伪标志如下（图6-26、图6-27）。

图6-26 第五套人民币2005年版20元正面

图6-27 第五套人民币2005年版20元背面

　　2019年版20元券防伪信息：正面中部面额数字分别调整为光彩光变面额数字"20"，取消全息磁性开窗安全线，调整左侧胶印对印图案，右侧增加光变镂空开窗安全线和竖号码。

　　2019年版20元券图片鉴赏如下（图6-28、图6-29）。

图6-28　第五套人民币2019年版20元正面

图6-29　第五套人民币2019年版20元背面

五、第五套人民币50元

（一）基本信息（表6-5）

表6-5　第五套人民币50元基本信息

名　称	毛泽东头像	面　值	50元
发行时间	2001年9月1日	停用时间	流通中
票面尺寸	150mm×70mm	字冠号码	两字冠、八号码
正面图案	毛泽东头像，左侧为"中国人民银行"、阿拉伯数字"50""伍拾圆"字样和花卉图案，左上角为中华人民共和国国徽图案，左下角和右下角印有横竖两号码，横号码下方印有阿拉伯数字"50"，右下角为盲文面额标记，主色为绿色	背面图案	布达拉宫图景，左上方印有阿拉伯数字"50"，左下方印有面额"50 YUAN"，右上方为"中国人民银行"汉语拼音和蒙、藏、维、壮四种民族文字的"中国人民银行"字样、面额，右下方为年号和"行长之章"印鉴
印刷工艺	雕刻凹版印刷，正面主景毛泽东头像、"中国人民银行"行名、面额数字、盲文面额标记等均采用雕刻凹版印刷，用手指触摸有明显凹凸感	票面底纹	几何网纹

（二）特点

（1）50元券共有1999版和2005版两个版别。其中，2005版是2005年8月31日发行的。

（2）固定头像水印：位于正面左侧空白处，迎光透视，可以看到与主景人头像相同、立体感很强的毛泽东头像水印。

（3）红、蓝彩色纤维：在1999年版的票面上，可以看到纸张中有不规则分布的红色和蓝色纤维。2005年版取消了红、蓝彩色纤维。

（4）磁性缩微文字安全线：钞票纸中有一条明暗相间的全息磁性开窗安全线，迎光透视，可以看到缩微文字"￥50"字样，仪器检测有磁性。

（5）手工雕刻头像：正面主景为毛泽东头像，采用手工雕刻凹版印刷工

艺，形象逼真、传神，凹凸感强，易于识别。

（6）隐形面额数字：正面右上方有一装饰图案，将票面置于与眼睛接近平行的位置，面对光源作平面旋转45°或90°晃动，可看到面额数字"10"字样。

（7）胶印缩微文字：正面上方图案中，多处印有胶印缩微文字"50""RMB50"字样。背面下方"50 YUAN"与"2005年"之间胶印图案中，印有缩微文字"RMB50"和"人民币"字样共四行。

（8）光变油墨面额数字：正面左下方面额数字"50"字样，与票面垂直角度观察为金色，倾斜一定角度则变为绿色。

（9）阴阳互补对印图案：票面正面左下方和背面右下方均有圆形局部图案，迎光观察，正背图案重合并组成一个完整的古钱币图案。

（10）双色异形横号码：1999年版的50元券正面印有横竖双号码，左下角的横号为黑色，右下角的竖号为红色。2005年版的50元券正面左下角印有双色异形横号码，左侧部分为暗红色，右侧部分为黑色。字符由中间向左右两边逐渐缩小。

（11）白水印：位于正面双色横号码下方，迎光透视，可以看到透光性很强的水印"50"字样。

2005年版50元券图片鉴赏及防伪标志如下（图6-30、图6-31）。

图6-30　第五套人民币2005年版50元正面

图6-31　第五套人民币2005年版50元背面

2019年版50元券防伪信息：正面中部面额数字调整为光彩光变面额数字"50"，左下角光变油墨面额数字调整为胶印对印图案，右侧增加动感光变镂空开窗安全线和竖号码。背面取消全息磁性开窗安全线。

2019年版50元券图片鉴赏如下（图6-32、图6-33）。

图6-32　第五套人民币2019年版50元正面

图6-33　第五套人民币2019年版50元背面

六、第五套人民币100元

（一）基本信息（表6-6）

表6-6　第五套人民币100元基本信息

名　　称	毛泽东头像	面　　值	100元
发行时间	1999年10月1日	停用时间	流通中
票面尺寸	155mm×77mm	字冠号码	两字冠、八号码
正面图案	毛泽东头像，左侧为"中国人民银行"、阿拉伯数字"100""壹佰圆"字样和花卉图案，左上角为中华人民共和国国徽图案，左下角印有双色异形横号码和光变油墨阿拉伯数字"100"，右下角为盲文面额标记，主色为红色	背面图案	人民大会堂图案，左上方印有阿拉伯数字"100"，左下方印有面额"100 YUAN"，右上方为"中国人民银行"汉语拼音和蒙、藏、维、壮四种民族文字的"中国人民银行"字样、面额，右下方为年号和"行长之章"印鉴
印刷工艺	雕刻凹版印刷，正面主景毛泽东头像、"中国人民银行"行名、面额数字、盲文面额标记等均采用雕刻凹版印刷，用手指触摸有明显凹凸感	票面底纹	几何网纹

（二）特点

（1）100元券共有1999年版、2005年版和2015年版三个版别。

（2）固定头像水印：位于正面左侧空白处，迎光透视，可以看到与主景人头像相同、立体感很强的毛泽东头像水印。

（3）红、蓝彩色纤维：在1999年版的票面上，可以看到纸张中有不规则分布的红色和蓝色纤维。2005年版、2015年版取消了红、蓝彩色纤维。

（4）手工雕刻头像：正面主景为毛泽东头像，采用手工雕刻凹版印刷工艺，形象逼真、传神，凹凸感强，易于识别。

（5）磁性缩微文字安全线：钞票纸中有一条明暗相间的全息磁性开窗安全线，迎光透视，可以看到缩微文字"￥100"字样，仪器检测有磁性。

（6）隐形面额数字：正面右上方有一装饰图案，将票面置于与眼睛接近平行的位置，面对光源作平面旋转45°或90°晃动，可看到面额数字"100"字样。

（7）胶印缩微文字：正面上方图案中，多处印有胶印缩微文字"100""RMB100"字样。背面下方"100YUAN"与"2005年"之间胶印图案中，印有缩微文字"RMB100"和"人民币"字样共五行。

（8）光变油墨面额数字：正面左下方面额数字"100"字样，与票面垂直角度观察为绿色，倾斜一定角度则变为蓝色。

（9）阴阳互补对印图案：票面正面左下方和背面右下方均有圆形局部图案，迎光观察，正背图案重合并组成一个完整的古钱币图案。

（10）双色异形横号码：1999年版的100元正面印有横竖双号码，左下角的横号为黑色，右下角的竖号为蓝色。2005年版的正面左下角印有双色异形横号码，左侧部分为暗红色，右侧部分为黑色。字符由中间向左右两边逐渐变小。

（11）白水印：位于正面双色横号码下方，迎光透视，可以看到透光性很强的水印"100"字样。

2005年版100元券图片鉴赏及防伪标志如下（图6-34、图6-35）。

图6-34　第五套人民币2005年版100元正面

图6-35　第五套人民币2005年版100元背面

2015年版100元人民币防伪信息：

（1）光变镂空开窗安全线位于票面正面右侧。垂直票面观察，安全线呈品红色；与票面成一定角度观察，安全线呈绿色；透光观察，可见安全线中正反交替排列的镂空文字"￥100"字样。

（2）光彩光变数字位于票面正面中部。垂直票面观察，数字以金色为主；平视观察，数字以绿色为主。随着观察角度的改变，数字在金色和绿色之间交替变化，并可见一条亮光带上下滚动。

（3）人像水印位于票面正面左侧空白处。透光观察，可见毛泽东头像。

（4）胶印对印图案。票面正面在下方和背面右下方均有面额数字"100"的局部图案。透光观察，正背面图案组成一个完整的面额数字"100"。

（5）横竖双号码。票面正面左下方采用横号码，其冠字和前两位数字为红色，后六位数字为黑色；右侧竖号码为蓝色。

（6）白水印位于票面正面横号码下方。透光观察，可以看到透光性很强的水印面额数字"100"。

（7）雕刻凹印。票面正面的毛泽东头像、中华人民共和国国徽图案、"中国人民银行"行名、右上角面额数字、盲文及背面人民大会堂等均采用雕刻凹印印刷，用手指触摸有明显的凹凸感。

2015年版100元图片鉴赏如下（图6-36、图6-37），防伪标志已在图中以数字标出，可与上文参照对应。

图6-36　第五套人民币2015年版100元正面

图6-37　第五套人民币2015年版100元背面

2005年版与2015年版主要防伪信息调整对比如下（图6-38）。

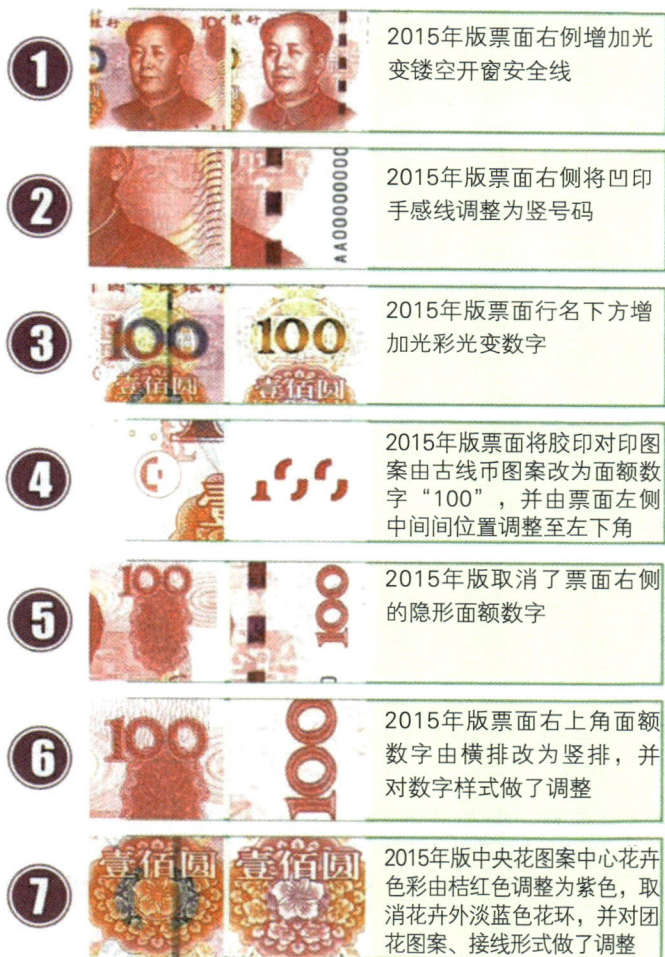

① 2015年版票面右例增加光变镂空开窗安全线

② 2015年版票面右侧将凹印手感线调整为竖号码

③ 2015年版票面行名下方增加光彩光变数字

④ 2015年版票面将胶印对印图案由古线币图案改为面额数字"100"，并由票面左侧中间间位置调整至左下角

⑤ 2015年版取消了票面右侧的隐形面额数字

⑥ 2015年版票面右上角面额数字由横排改为竖排，并对数字样式做了调整

⑦ 2015年版中央花图案中心花卉色彩由桔红色调整为紫色，取消花卉外淡蓝色花环，并对团花图案、接线形式做了调整

图6-38　2015年版100元券与2015年版100元券主要防伪信息调整对比图

附4 第五套人民币金属硬币一览表

附表4 第五套人民币硬币一览表

券 别	图 案		材 质	直 径	发行时间
	正 面	背 面			
1元硬币	行名、面额、面额汉语拼音、年号	菊花、行名汉语拼音	钢芯镀镍	25毫米	2000-10-16
1元硬币	行名、面额、面额汉语拼音、年号，面额数字"1"轮廓线内增加隐形图文"¥"和"1"，边部增加圆点	菊花、行名汉语拼音	钢芯镀镍	22.25毫米	2019-08-30
5角硬币	行名、面额、面额汉语拼音、年号	荷花、行名汉语拼音	钢芯镀铜合金	20.5毫米	2000-11-18
5角硬币	行名、面额、面额汉语拼音、年号，色泽由金黄色改为镍白色，内周缘由圆形调整为多边形	荷花、行名汉语拼音，内周缘由圆形调整为多边形	钢芯镀镍	20.5毫米	2019-08-30
1角硬币	行名、面额、面额汉语拼音、年号	兰花、行名汉语拼音	铝合金	19毫米	2000-10-16
1角硬币	行名、面额、面额汉语拼音、年号	兰花、行名汉语拼音	不锈钢	19毫米	2005-08-31
1角硬币	行名、面额、面额汉语拼音、年号，边部增加圆点	兰花、行名汉语拼音	不锈钢	19毫米	2019-08-30

参考文献

［1］康永杰.中国人民币收藏图录［M］.中国书店出版社，2013.

［2］郑楼英.轻松做出纳［M］.机械工业出版社，2010.

［3］马德伦.中国名片：人民币［M］.中国金融出版社，2010.

［4］刘贵生等.现金的魅力——人民币雕刻之美［M］.中国金融出版社，2018.

［5］中国人民银行官网，http://www.pbc.gov.cn/huobijinyinju/147948/147954/147956/3817129/index.html.